Türkisch für Anfänger – Durchdrehen garantiert

Claudia Kühn

Türkisch für Anfänger

Durchdrehen garantiert

Basierend auf den Drehbüchern
von Bora Dagtekin

Mit Filmbildern

Im Carlsen Verlag sind von *Türkisch für Anfänger* folgende
Bände erschienen:
Meine verrückte Familie (Band 1)
Verwirrung hoch sechs (Band 2)
Durchdrehen garantiert (Band 3)
Der ganz normale Wahnsinn (Band 4)

Die Autorin dankt Sibel Balta und Brigitte Kälble
für ihre Hilfe

Originalausgabe
Veröffentlicht im Carlsen Verlag
Oktober 2008
Copyright © 2008 Carlsen Verlag GmbH, Hamburg
Produzent der dem Werk zu Grunde liegenden
ARD-Fernsehserie *Türkisch für Anfänger*
ist die Hofmann & Voges Entertainment GmbH
Umschlagbild und vierfarbiger Tafelteil: © ARD / Richard Hübner
Umschlaggestaltung: formlabor in Anlehnung an das Design
der Agentur Sassenbach
Corporate Design Taschenbuch: Dörte Dosse
Lektorat: Brigitte Kälble
Gesetzt aus der Meridien von Dörlemann Satz, Lemförde
Druck und Bindung: GGP Media GmbH, Pößneck
ISBN 978-3-551-35772-4
Printed in Germany

Alle Bücher im Internet: www.carlsen.de

»Helena Claudette Schneider!«
Erwischt. Das bin ich.
Stopp! So heiße ich vielleicht! Aber ich bin Lena!
Das weiß auch meine Mutter. Wenn sie mich also Helena Claudette Schneider nennt, dann meint sie es ernst. Und dieser Ernst ist seit kurzem so was wie mein neuer Bruder. Genauer gesagt, seit Axels …
Nach drei Therapiestunden bei meiner Mutter weiß ich, dass ich das Wort, welches man *eigentlich* dafür verwendet, besser nicht benutze. Erstens ruft es unangenehme Erinnerungen hervor und zweitens löst es vielleicht einen Wiederholungstrieb aus. Außerdem vertieft es Schuldkomplexe.
Und das nicht nur bei mir.
Denn schließlich ist meine Mutter Axels Therapeutin und hätte also wissen müssen, dass er noch ziemlich labil ist. Beim nächsten Helena-Claudette-Schneider werde ich das Doris auch freundlich und bestimmt in Erinnerung bringen. Aber jetzt brauche ich erst mal eine Minute für mich allein. Eine Minute ohne irgendjemand.
Deshalb tu ich so, als hätte ich nichts gehört, und renne schnell die Treppe hoch. In meinem Zimmer verkrieche ich mich auf dem Bett.
Seit Axels … Nahtoderfahrung hat sich hier manches verändert. ›Nahtoderfahrung‹, zum Beispiel, ist ein

Wort, das ich bisher nur für den Versuch, Mamas Essen zu verdauen, verwendet habe. Und ›kreatives Ausdruckstöpfern‹ kam gar nicht in meinem Vokabular vor. Aber nach ebendieser Erfahrung formen Axel und ich unser Leben jetzt in einem Töpferkurs quasi neu. Einmal pro Woche. Wobei Axel meistens mich formt. Letztes Mal hatte ich Ähnlichkeit mit einer alten Ziege, davor war ich ein Walross und heute ist es ein pinguinartiges Wesen, welches Axel strahlend Lena nennt. *Tierische Liebe nenne ich das.*
Na ja, ich mag … das heißt, ich lieb ihn ja auch, den Axeli. Und er braucht mich. Von wem kann ich das sonst schon behaupten?
Mein Vater Markus ist Ethnologe, lebt im Amazonas und kommt dort offensichtlich ganz gut ohne mich zurecht. Ich weiß ehrlich gesagt gar nicht mehr, wie er aussieht. Mein Bruder Nils, Nille genannt, ist 15 geworden und glaubt, dass er deswegen jetzt ein vollwertiger Mensch ist. Weil ich ihm gesagt habe, dass das nicht stimmt, hat er beschlossen Leben im All zu finden, bevor er 16 ist. Aber dafür braucht er ein Teleskop, nicht mich. Und meine Mutter ist Therapeutin. Sie sucht sich immer die schwersten Fälle aus. Den einarmigen Tennisspieler zum Beispiel. Oder eben Axel. Mit denen verbringt sie dann ihre meiste Zeit. (Was auch nichts nützt, wenn ihre Patienten diese … Erfahrungen suchen.) Die übrige Zeit teilt sie seit kurzem mit Metin, einem türkischen Kriminalkommissar, den sie mit zwei Kindern in dieses Haus geschleppt hat: Yagmur und Cem.

Und Cem …

Okay. Doris hat die Treppen nach oben geschafft. Das war ja auch nur eine Frage der Zeit. Wenn sie die Tür noch mal so aufreißt, bricht sie wahrscheinlich aus den Angeln. Doris oder die Tür. Ich wüsste gar nicht, was ich mehr bedauern sollte.

»Du hättest Axel ins Heim begleiten sollen. Er vagabundiert doch immer, wenn er traurig ist.«

Doris nervt. GIGANTOMANISCH. Denn im Fall des Waisenjungen Axel sind ihr praktisch die Hände gebunden. Als seine Therapeutin darf sie ihn nicht privat kontaktieren. Das muss ich für sie erledigen.

»Ruf ihn doch an, wenn du dir Sorgen machst.«

Jetzt überlegt sie kurz, ob sie in die Luft gehen oder den scheinheiligen Wäschekorb in ihren Händen fallen lassen soll. Aber sie beherrscht sich. Noch.

»Ich seh ihn ja morgen. In der Praxis.«

Dabei glotzte sie mein Telefon an, als würde sie es zum Nachtisch verspeisen wollen. Kein Wunder. Es ist schwarz und hat Ähnlichkeit mit ihren Biskuits von Sonntag.

»Er kommt immer zu mir, wenn er Probleme hat«, murmelte sie selbstbeschwichtigend vor sich hin.

Bis auf das letzte Mal. Als er sich, nachdem ich mich von ihm trennen wollte, vor ein Auto gestürzt hat.

Aber das sag ich nicht. Jedenfalls nicht jetzt. Denn es ist für uns alle nicht einfach. Außerdem hab ich versprochen, dass ich für Axel da bin. Und das halte ich. Denn ich bin stark.

Kapitel 1
Das, in dem ich schwach werde

Das war jetzt wohl etwas verwirrend, oder? Zumindest für die, die nicht heimlich in meinen ersten Tagebüchern gelesen haben. Also noch mal von vorn.
Okay. Ich bin Lena Schneider. Axel Mende ist mein Freund. Jedenfalls war er das, bis ich eine ganze Nacht mit meinem türkischen Bruder Cem Öztürk rumgeknutscht habe. Na ja, Bruder ist jetzt übertrieben, eher Stiefbruder, aber das trifft es auch nicht. Cem hat jedenfalls, seitdem sein Vater Metin offiziell mit meiner Mutter Doris zusammen ist, ein Zimmer neben mir. Und nachdem wir uns ein halbes Jahr richtig auf die Nerven gegangen waren, hatte er auch ein Zimmer in meinem Herzen. Nach der ersten durchgeknutschten Nacht wollte ich mich von Axel trennen. (Cem kann wirklich total gut küssen!) Aber anstatt in sein Waisenhaus zurückzugehen, eine Woche in sein Waisenhauskissen zu weinen und sich freitags bei seiner Therapeutin (meiner Mutter) auf der Couch therapieren zu lassen, wollte Axel sich das Leben nehmen und ist deshalb vor ein Auto gerannt.
Inzwischen läuft er wieder ohne Krücken. Aber nicht ohne mich. Ich bin immer! für ihn da.
Was Cem betrifft: DAS IST VORBEI!
Und ich bin kein bisschen traurig! Ehrlich.
Wenn man sich das oft genug sagt, funktioniert das ganz gut. An den Kuss zum Beispiel erinnere ich mich

schon gar nicht mehr richtig. (Er ist einfach schon viel zu lange her, der Kuss.)
Mist, jetzt muss ich doch daran denken.
Als ich vor Verzweiflung ins Kissen beiße, macht Doris sich bemerkbar. Stimmt, die steht ja immer noch mit dem Wäschekorb vor meinem Bett und glotzt aufs Telefon.
»Ich ruf Axel nachher an«, press ich zwischen den Daunen heraus. »Und wenn er traurig streunt, dann soll er eben vorbeikommen und wir spielen alle Tabu.«
Jetzt lächelte Doris. Sie liebt Tabu. Und sie mag es, alle Schäfchen um sich zu haben. Dann blökt sie vor Mutterglück.
Apropos Tabu. Heute hat Cem mir vorgeschlagen eine Affäre zu beginnen. Frei nach dem Motto: Axel besorgt die Geburtstagsgeschenke und er besorgt den »Rest«. Yagmur (mit der ich ein Zimmer teile) könnte bei ihrer dicken Freundin Suna übernachten und ich bei ihm. Während er das sagte, grinste er mich an. Wie Antonio Banderas. Und ich Oberschaf hab mich auch noch dazu hinreißen lassen, das laut auszusprechen. Worauf er noch breiter grinste. Er ist sich soooo sicher.
Kann er ja auch sein.
Aber wie soll das gehen, mit zwei Jungs auf einmal zusammen sein? Außerdem sind Affären unmoralisch. Als ich das anmerkte, verschluckte Cem sich vor Lachen fast an seinem selbst gemixten Getränk aus Bananen, Eis und Magnesiumpulver. Dann nahm er zärtlich meine Hand und kam mir immer näher. (Also meinem Mund!)

Und ich hab tatsächlich die Luft angehalten und die Augen geschlossen.

Ich hatte fast vergessen, wie gut er riecht. Ich hatte fast vergessen, wie zart seine Hände sind. Ich hatte vergessen … dass er einen Freund hat.

Er auch. Costa muss wohl schon länger auf ihn gewartet haben. Diese neue Erfahrung hat ihn offensichtlich so verschreckt, dass er unsere Küche stürmte und stotterte.

Jedenfalls hat Costa mich gerettet. Oder Axel. Kommt drauf an, wie man es betrachtet.

Cem und ich, wir haben schnell so getan, als würden wir gemeinsam abwaschen. Als ob Cem jemals abgewaschen hätte. Hätten wir rumgeknutscht, dann wäre das Costa viel weniger aufgefallen. Sein Blick sprach jedenfalls Bände und sorgte dafür, dass Cem das Trockentuch sofort wieder aus der Hand legte und die Küche verließ. Genau im richtigen Moment. Sonst hätte er gemerkt, dass sich alle meine guten Vorsätze in Luft aufgelöst hatten.

Ich ließ mich völlig fertig auf einen Stuhl fallen und wiederholte erst mal mechanisch das, was auch Doris sich jeden Morgen sagte: Axel hatte nach dem Tod seiner Eltern so viele Kontaktabbrüche. Er braucht einfach jemand, der bei ihm bleibt. Jemand, dem er vertrauen kann. Er braucht mich. Und gebraucht werden macht glücklich. Das kann man zum Beispiel an Mutter Teresa sehen. Also nicht wirklich sehen, weil sie ziemlich schei… äh, unattraktiv aussah, aber sie wurde schon fünf Jahre nach ihrem Tod seliggesprochen. Das war immerhin die schnellste Seligsprechung der Neuzeit. Und darüber ist sie bestimmt total glücklich. Im Himmel, meine ich.

Yagmur übernachtete jedenfalls nicht bei Suna. Und wir spielten auch nicht mit Axel Tabu. Deshalb hatte Doris total schlechte Laune und brüllte alle an. Opa Hermi drohte sie mit dem Seniorenheim oder einem Medikament, das ihn ruhigstellte. (Opa wohnt ja jetzt bei uns. Also auf dem Dachboden. Da hat ihm Mama ein Zimmer eingerichtet – mit der Begründung, dass wir möglichst viel Abstand zu seinem faschistischen Gedankengut brauchen.) Nille schickte sie in den Keller, weil er schon wieder mit seinem Teleskop nervte. (Ginge es um eine neue Blockflöte, hätte er sie bestimmt schon längst. Denn Mama wünscht sich kreative Kinder, keine Wissenschaftscracks.) Selbst ihr heiß geliebter Metin kriegte sein Fett ab, blieb aber bewundernswert ruhig, während die Keller- und die Dachbodentür laut krachten. Mich ließ Doris in Ruhe, denn in ihren Augen entwickelte ich mich ja langsam beim Ausdruckstöpfern.

Aber ich selbst machte mir dafür jede Menge Gedanken. Yagmur war schon fast eingeschlafen, ehe ich mich zu fragen traute, ob sie das Gefühl hatte, dass ich mit Axel glücklich war. Es dauerte eine ganze Weile, bis sie überhaupt antwortete. Aber schließlich hörte ich ein genuscheltes »Ja«. Das klang irgendwie mechanisch und wenig überzeugend, aber vielleicht haben Muslime da auch andere Traditionen.

Bestimmt haben sie das.
Zum Einschlafen hat es jedenfalls gereicht.
Am Freitag musste Axel ja dann zur Therapie. Weil ich ihn gestern schon nicht ins Waisenhaus gebracht hatte, dachte ich, es wäre gut, ihn heute zu Doris in die Praxis zu begleiten. Nach der letzten Schulstunde hatte er sich aber einfach – ohne mir ein Abschiedsküsschen zu geben – vom Acker gemacht. Ich fing schon an mir Sorgen zu machen, als ich ihn endlich entdeckte. Er hing im wahrsten Sinne des Wortes auf dem Spielplatz rum: kopfüber am Klettergerüst.
»Er hat gesagt, er wartet, bis ihm so viel Blut ins Gehirn läuft, dass ihm der Kopf platzt!«, brüllte ein kleines Mädchen und flüchtete sich von Axel weg zu seiner Mutter.
Auch Axels Humor hatte sich also verändert. Und sein Blick. Er sah traurig aus. Irgendwie verloren.
Wir hätten gestern doch Tabu spielen sollen.
Als ich ihn gerade zärtlich küssen wollte, kam Cem.
Was macht der denn hier? »Ich hab jetzt keine Zeit.«
»Ich will ja auch nicht mit dir, sondern mit Axel reden.«
Mit Axel? »Das kannste 'n andermal machen. In deinem nächsten Leben zum Beispiel.«
Mit diesen Worten versuchte ich Axel vom Spielplatz zu schieben, ehe die beiden sich wieder bewusstlos prügelten. Aber Axel ist gerade in einer echt schwierigen Phase. Er wollte bleiben und leiden.
»Du hast Recht, wir werden nie Freunde, wenn wir nicht mal reden, Cem.«

Ihr sprecht aber nicht dieselbe Sprache!
Cem legte seinen Arm um Axel und nickte. Und dann fing er an: »Findest du nicht auch, dass man manchmal unmoralisch sein kann?«
Axel zuckte zusammen. »Definiere ›unmoralisch‹.«
»Zum Beispiel nicht immer ganz so p.c. sein. Politisch korrekt, weißte? Irgendwas, was Weicheier beichten würden: Mord, Lügen … Seitensprünge.«
Cem hat noch nie irgendetwas definiert. Warum fängt er ausgerechnet jetzt damit an?
Aber Axel schien gar nicht zu hören, was Cem da sagte. Er sah unwohl ins Leere, als sei er auf etwas ganz anderes konzentriert.
»Lügen …«, wiederholte er.
»Seitensprünge …«, wiederholte Cem.
Bitte! Allah, Gott oder wer sonst noch was tun kann: Jetzt eine Sturmflut oder ein Tsunami. So blöd kann Axel doch gar nicht sein, dass er nicht kapiert, was Cem eigentlich von ihm will!
Axel ließ sich Zeit mit seiner Antwort. »Neee, man muss nicht immer moralisch sein. Man macht sich doch kaputt, wenn man sich immer an den Guten orientiert. An Mutter Teresa oder so. Der Mensch an sich muss doch auch mal Scheiße bauen dürfen.«
Cem sah mich triumphierend an. Und ich verstand die Welt nicht mehr. Anstatt sich zu prügeln, spielten Axel und Cem Freunde und redeten über Mutter Teresa!
Axel starrte immer noch in die Ferne, als wäre am Himmel irgendwas zu sehen. Etwas Interessanteres als Flugzeuge und fliegende Ratten. Vielleicht winkte ihm seine

Mutter zu? Als er endlich wieder zu mir sah, lag jedenfalls etwas Erlöstes in seinem Gesichtsausdruck.

Ich hatte keine Ahnung, was da eben passiert war. Dabei stand ich doch daneben. Vielleicht sollte ich mich heute zusammen mit Axel auf Doris' Liege legen? Aber Axel wollte ohne mich in die Praxis gehen. Er warf mir noch eine Kusshand zu und weg war er.

Jetzt stand ich allein mit Cem da.

Keine gute Idee.

So schnell ich konnte, machte ich mich aus dem Staub. Aber Cem rannte mir hinterher. Vor dem Haus hatte er mich eingeholt.

»Geh weg!«

»Er hat gesagt, es ist okay!«

»Hat er NICHT!«

»Doch, doch, DOCH!« Cem äffte gekonnt ein bockiges Kleinkind nach und ich musste lachen. Obwohl ich überhaupt nicht lachen wollte.

»Warum machst du das? Wieso rennst du hinter mir her? Ist das eine türkische Zermürbungsstrategie?«

»Ich kämpfe halt. Und du bist mein … Wie hieß Istanbul früher noch mal?«

»Konstantinopel, du Vollidiot.« *Er ist wirklich ein Idiot. Aber so süß.* »Ohne Widerstand wirst du diese Stadt jedenfalls nicht einnehmen können.«

Cem seufzte. »Du bist so geil.«

Das ist definitiv die falsche Strategie, Cem.

Trotzdem blieb ich vor ihm stehen und sah ihn ganz direkt an.

Okay. Ich war für Axel da, weil er mich brauchte. Aber wenn ich ganz ehrlich war, dann wollte ich Cem. Echt jetzt. Und Axel könnte ja erst mal zu Doris auf die Couch ziehen. Doch wenn ich riskierte, dass unser Haussegen in nächster Zeit verdammt schief hing, dann musste ich wissen, ob Cem es wirklich ernst mit mir meinte. Ich brauchte einen Liebesbeweis. Einen einzigen!

»Sag es einfach.« Meine Stimme war ganz leise, ich konnte mich selber kaum verstehen. Cem jedenfalls wirkte ein bisschen irritiert. Deshalb streichelte ich ganz zärtlich sein Ohr.

»Dass ich um dich kämpfe?«

Da waren wir doch schon! »Sag einfach, was du für mich fühlst.«

»Ich mach mich doch nicht zum Affen!«

Verdammt. Das tat weh. *Was ist für ihn so schwer daran, mir zu sagen, dass er mich liebt?*

Ich drehte sein Ohr kurzerhand um, so dass er vor Schmerz aufschrie.

»Ich dachte, es geht um eine Affäre und wir wollten ein bisschen Spaß?«, heulte er gequält.

Scheiße. Warum rede ich überhaupt mit ihm? Also doch nur Spaß!!!

Ich drehte mich um und rannte ins Haus. Wenn das so weiterging, würde es bei uns bald keine funktionstüchtige Tür mehr geben. Egal. Ich musste so schnell wie möglich ein paar Meter zwischen mich und Cem bringen.

Und dann lag ich mal wieder in meinem Bett und biss

ins Kissen. Cem liebte mich einfach nicht. Deshalb war ich auch echt froh, dass er es *nicht* gesagt hatte.

Aber man kann nicht länger als eine Stunde ins Kissen beißen und sich in die Tasche lügen. Die Wahrheit war, DASS ICH ES EINFACH NICHT FASSEN KONNTE, DASS DER PENNER ES NICHT ÜBER DIE LIPPEN BRACHTE!

Vielleicht trug zu meiner plötzlichen Erkenntnis auch Opa Hermis lautes, altmodisch kratzendes Schallplattengedudel bei. Eigentlich wollte ich ihn nur darauf hinweisen, dass der Zweite Weltkrieg schon ein paar Tage vorbei war, aber als ich die Treppen nach oben ging und das Gesäusel immer klarer wurde, brachte mich der Text fast zum Heulen.

Es ging um Wunder, die irgendwann geschehen würden. Und um Träume, die dann endlich wahr werden würden. Tausend Träume sogar! Und wer immer das hier sang, wusste, dass so schnell keine Liebe vergeht.

War das Nazi-Propaganda oder hatte die Frau einfach Recht?

Wunder, Schicksal, Liebe, Stern, nah und fern, groß und wunderbar.

Ich lehnte meine Stirn an Opa Hermis Dachbodentür und sang mit! Peinlicher geht nicht! Und dann – wie abgesprochen – machte Opa die Musik aus und neben mir stand Cem. Also wischte ich schnell jedes Anzeichen von Ergriffenheit aus dem Gesicht und: »Was gibt's, Arschloch?«

»Das mag ich so an dir«, flüsterte Cem.

Mir hingegen fiel gerade gar nichts ein, was ich an ihm mochte. Außer seine braunen Augen, seine schwarzen Haare, seine zarten Hände und die Art, mich anzusehen, und und und …

»Das vorhin … Ich … Du … du weißt, wie ich bin.«

»Ja, leider.« Was war bloß los mit dem Typen? Er hüpfte nervös von einem Bein auf das andere und stotterte schon genauso wie sein Freund Costa.

Und wieder setzte er an und kriegte nichts raus. Schließlich drückte er mir eine CD in die Hand und verschwand, so schnell er konnte, in seinem Zimmer.

Da war bestimmt irgendwas Gemeines drauf. Trotzdem – bevor mir Opa die CD aus der Hand riss, verzog ich mich damit lieber ins Bad. Hier stand Doris' alter CD-Player, mit dem sie beim Baden immer ihre Buckelwalgesänge hörte. Also ließ ich mir Wasser in die Wanne und machte ordentlich Schaum. Mal sehen, wer hier wen im Schaumschlagen übertreffen konnte.

»Ey, ich bin's.«

Wer denn sonst?

»Vorhin … ey, du hast mich erwischt und so. Ich … du weißt, dass ich dich … Ich kann schlecht über so was reden und so. Und ich find dich … Ja, Alter, ich hab dich gern, okay? Richtig gern. Nicht so Wichsfantasie-gern, sondern eher Tagebuch-gern. Oh Mann, du musst diese CD sofort zerstören!«

Wow! Cem hatte sich selbst übertroffen. Zugegeben klang das nicht wie die Dialoge bei Jane Austen, aber es fühlte sich total gut an. Kein Wunder, dass ich lauter Herzen aus dem Schaum formte und ein bisschen schwachsinnig vor mich hin kicherte.

Aber es ging noch weiter. »Und wenn das jetzt okay für dich ist: Ich bin im Garten und warte auf dich.«

Mit einem Satz sprang ich aus der Wanne. Dabei lösten sich die Schaumherzen in Luft auf. Egal. Ich musste in den Garten und zwar sofort!

Zum Glück gibt es Spiegel. Unserer verriet mir noch in letzter Minute, dass ich nackt war. Also schlich ich mich in mein Zimmer und riss den Schrank auf.

Ich muss! gut aussehen! Aber auch nicht zu gut, sonst denkt er, dass ich total verzweifelt bin.

Ist ja auch so.

Zum Glück schlief Yagmur schon. Ihre Kommentare zu meiner dritten Hose hätte ich jetzt auf gar keinen Fall ertragen. Stattdessen klingelte mein Handy. Bestimmt Cem, der mich fragte, wo ich blieb.

Es war Axel. Er wollte reden. Über die Sache mit der Moral. Und nicht am Telefon, sondern mit mir persönlich.

Ich will jetzt aber nicht reden! Jedenfalls nicht mit Axel!

Also log ich ihm was vor. Dass ich mit Doris im Autokino war.

Doch Axel, der sich in unserem Haushalt mittlerweile besser auskennt als ich, wusste natürlich, dass Doris' Auto noch in der Werkstatt stand.

Mist.

Aber wozu gibt es Fahrräder? Wir waren mit dem Fahrrad im Autokino! Schließlich musste Doris was gegen ihre Cellulitis tun, sonst breitete sich die noch bis zu den Zehennägeln aus. »Wir reden gleich morgen früh, ja Axel?«

Boah, bin ich eine fiese Kuh. Andererseits hat Axel ja auch etwas davon, wenn es mir besser geht.

»Lügen ist Sünde.«

Verflixt, jetzt war auch noch Yagmur aufgewacht. Und musste ihren Kommentar abgeben.

Aber Yagmurs Meinung zählt nicht. Denn sie schläft mit Kopftuch. Sie betet doppelt so viel, wie man beten muss, um eine anständige Muslimin zu sein. Und mit den kratzigen Wollpullovern ihrer Tante sieht sie aus, als wäre sie 60. Die würde nie ein Date haben und niemals würde sich jemand in sie verlieben. Ich dagegen hatte ein Date mit jemand, der mich Tagebuch-gern hatte!

Draußen war es noch warm. Der Mond schien und am Himmel hingen jede Menge Sterne. Wahrscheinlich gab's auch Sternschnuppen. Dann würde ich mir was wünschen.

Cem sah toll aus. Und diesmal übersprangen wir das ganze Angepöbel einfach.

»Danke ... für die CD.«

Cem hatte sogar eine Rose für mich geklaut! Und an der Rose hing ein Anhänger in Herzform. Auch wenn er bestimmt nur aus dem Kaugummiautomaten war – ich fand ihn wunderschön.

»Der ist von meiner Mutter. Eigentlich hat sie ja alles Yagmur gegeben, als sie ... Aber bevor sie gestorben ist, hat sie mir gesagt, dass ich den, also wenn ich mal eine ...«

Cem quetschte meine Hand. Er quetschte sie so stark, dass sich die Rosendornen ziemlich tief in meine Haut bohrten. Egal. Cem schien beim Gedanken an seine Mutter noch viel mehr zu leiden. Und zum ersten Mal verstand ich, dass sein »Ist ja auch egal« ein Ausdruck echter Ergriffenheit war. Allein dafür hätte ich ihn küssen wollen. Sofort. Und nie mehr aufhören.

In dem Augenblick wurde die Balkontür aufgerissen. »Hier wohnt ein Kriminalbeamter!«

Das war Doris, die versuchte so autoritär wie möglich in den Garten zu brüllen, damit niemand merkte, wie groß ihre Angst vor Einbrechern war. Dabei gibt's bei uns gar nichts zu klauen, außer Teegläser und Kopftücher. Vielleicht noch Opa Hermis Beinprothese aus Kirschholz. Aber die lässt er ja nie unbeaufsichtigt.

Nach ihrer Schreisalve hatte Doris endlich die Augen scharf gestellt und erkannte erst Cem: »Kleiner Mann?«, und dann mich: »Gürkchen?«

Okay, mit diesen Kosenamen kann einem jede Erregung von hundert auf null flöten gehen.

»Was macht ihr denn um diese Zeit im Garten?«

Äh ...

»Cem sammelt Schnecken und ich zeichne Sternbilder ab.« Er machte also Bio und ich Erdkunde. Dafür war doch so ein Freitagabend wie geschaffen. Oder? Doris jedenfalls kam überhaupt nicht auf die Idee, an uns zu zweifeln, und wirkte echt begeistert.

Was denkt die denn eigentlich, was wir für Streber sind?
Kurz darauf stolperte sie in ihrem scheußlichsten Bademantel zu uns in den Vorgarten und ließ sich auf die Sonnenliege fallen. Bestimmt würde sie gleich meckern, dass ich die immer noch nicht in den Keller gebracht hatte.
Aber Doris meckerte nicht. Stattdessen lächelte sie beseelt und klopfte auf die freien Plätze zu ihren beiden Seiten.
Das ist echt der falsche Zeitpunkt für mütterliche Ansprachen.
Doch Doris hatte bereits tief Luft geholt. Sie war nicht mehr aufzuhalten. »Es ist so toll, dass ihr euch nicht mehr anfeindet. Ich hab doch gespürt, was zwischen euch war.«
»Was soll denn zwischen uns gewesen sein?« Meine Stimme klang total bescheuert. Doris musste einfach merken, dass hier was nicht stimmte.
Aber Doris merkte nichts.
»Ganz normale Machtkämpfe zwischen Prinz und Prinzessin, die sich ihr Königreich auf einmal teilen müssen. Aber ich finde, ihr seid euch ganz toll nähergekommen.«
Vermutlich ein bisschen näher, als du dir das vorgestellt hast, Mama.
Doris lächelte glücklich. Erst zu Cem und dann zu mir. Dann legte sie die Arme um ihre beiden ›Großen‹.
Das war also mein Date. Freitagabend. In unserem Vorgarten. Auf der klapprigen Sonnenliege. Mit meiner Mutter zwischen uns.

Zur Krönung des Ganzen hatte Doris sich in den Kopf gesetzt, uns in unsere Zimmer zu bringen. Sie wirkte dabei so ausgeglichen, wie ich sie seit Axels Nahtoderfahrung nicht mehr erlebt hatte. Sie versprach, an meinem Bett zu sitzen, bis ich eingeschlafen war.
Dabei soll man doch jemand nur das versprechen, was der sich auch wünscht!
Aber Doris gab dieses Versprechen wohl das Gefühl, zehn Jahre jünger zu sein. Und vor zehn Jahren hatte sie noch keine Gewissensbisse wegen Axel. Sie nahm sich also gerade Urlaub von ihrem Ich, während ihre Tochter sich nach einem anderen Ich verzehrte. Das schien kompliziert zu werden. Und darüber muss ich echt eingeschlafen sein.
Am nächsten Morgen wirkte Doris definitiv wieder zehn Jahre älter. Sie nörgelte an Nille rum, der beschlossen hatte sich sein Teleskop selber zu bauen und dafür bergeweise Elektroschrott anschleppte, und an Opa Hermi, der mal wieder nur für sich Brötchen geholt hatte. Cem schlief noch.
In einem unbeobachteten Moment stopfte ich mir schnell Opas Brötchen rein. Bestimmt klingelte gleich mein Telefon und Axel würde fragen, wann wir uns trafen. Ich wollte mich aber nicht mit Axel treffen. Ich wollte ein nächstes Date mit Cem. Ein richtiges Date. Ohne Doris.
Prompt klingelte das Telefon. Ich hatte keine Lust ranzugehen, Metin schon.
»Öztürk bei Öztürk-Schneider.«

Es war nicht Axel. Denn Metin klebte am Telefon und wurde immer blasser. Als er auflegte, sah er erst Doris und dann mich ernst an.

»Axel war heute Nacht nicht im Waisenhaus und bitteregteuchjetztnichtauf.«

Aber Doris regte sich auf. Sie sprang so heftig vom Frühstückstisch hoch, dass ihr Stuhl umkippte. Ich fühlte erst mal gar nichts. Aber das brauchte ich auch nicht. Das übernahm Doris für mich.

»Nee, ich hör jetzt nicht auf!«, brüllte sie.

Womit denn?

»Ich bin die schlechteste Therapeutin in ganz Berlin! Zweifacher Suizidversuch, da kann man schon mal an sich zweifeln. Wenn er jetzt schon wieder ...«

Ehe sie zu heulen anfing, rannte sie raus. Und ich konnte nicht anders. Ich rannte ihr hinterher. Das lenkte mich wenigstens davon ab, dass ich mir so scheiße vorkam. Gestern Abend, vor meinem Date mit Cem, hatte mich Axel angerufen. Er wollte mit mir über Moral reden. Und Moral hieß im Klartext: über das Fremdgehen. Natürlich. Axel ist doch nicht doof. Er hatte begriffen, was Cem von ihm wollte, und er musste geahnt haben, dass ich dasselbe wollte.

Auch Doris hatte vergessen, dass ihr Auto noch in der Werkstatt war. Also rannten wir noch mal zurück und holten den Schlüssel von Metins Dienstwagen. Doris war so zittrig, dass sie den Schlüssel gar nicht ins Schloss kriegte.

Spätestens jetzt zitterte auch Metin. Allerdings um das

Auto. »Doris, nicht mit meinem schönen Wagen in deinem Zustand!«
Aber Doris hörte gar nicht zu. »Wir fahren jetzt ins Revier, eine Vermisstenmeldung rausgeben. Sie dürfen keinesfalls vergessen auch in den Flüssen zu suchen.«
Das Schloss hatte sie inzwischen auf. Als der Schlüssel dann aber im Zündschloss abbrach, ließ sie sich aufs Lenkrad fallen und heulte. Metin beugte sich vor, um Doris zu trösten und das Auto zu retten. Doch dann entdeckte er was.
»Da ist er!«
Ist wer?
Auf der Bank gegenüber unserem Haus lag ein Penner. Und das nicht zum ersten Mal. Aber Metin benahm sich wie ein Hund bei der Drogenfahndung. Er riss dem Penner einfach den Schlafsack vom Gesicht. Und der Penner war Axel. Metin musste das gerochen haben.
Doris wurde sogleich vom nächsten Heulkrampf geschüttelt. »Er hat sich vergiftet!«
Wenn Axel dort wirklich tot auf der Bank liegt, dann bin ich schuld. Nicht Doris. Obwohl wir uns wahrscheinlich wieder um die Schuldfrage streiten werden. Mist ... worüber ich so nachdenke, wo doch Axel ...
»Ruf 110 an. Und 112. Ruf alle an!«, brüllte Doris, während sie Axel verzweifelt schüttelte und der ... die Augen öffnete.
»Axel???!!!«
So schnell ich konnte, war auch ich bei ihm. Ich setzte

mich ganz still neben ihn und nahm seine Hand. Das musste ich erst mal verdauen. Eben lag Axel noch tot auf der Bank. Jetzt saß er neben mir und lächelte mich an, während Doris ihren Redefluss ununterbrochen fortsetzte.

»Axel, was machst du denn für Sachen? Ist es wegen gestern?«

Was weiß Doris denn von gestern?

»Weil ich den rationalen Graben zwischen Therapeut und Patient überschritten habe?«

Was für einen Graben meint sie?

»Axel, ich verspreche dir, dass ich dir in Zukunft keine Gefühle mehr zeige, die dich unter Druck setzen.«

Haben die etwa auch eine Affäre?

Axel wirkte so fertig, dass wir ihn erst mal ins Haus schleppten. Yagmur kochte Tee. Nille holte warme Decken. Und Metin und Doris zogen sich zur Beratung zurück. Ich saß ängstlich am Sofarand, starrte Axel an, der verlegen weggekte, und hatte ständig Angst, dass er mit dem Finger auf mich zeigte und sagte: Lena ist schuld.

Yagmur kam mit dem Tee und setzte sich auf die andere Seite des Sofas. Sie hatte offensichtlich auch etwas auf dem Herzen.

»Als du tot warst, hast du da das Gefühl gehabt, dass da oben alle sind?« Dabei starrte sie auf das Foto ihrer Mutter und lächelte hoffnungsvoll.

»Ich hab jetzt direkt … also ich hab niemanden direkt gesehen. Nee.«

Yagmurs Gesicht wurde ganz grau. »Dann warst du auch nicht tot.«

Wütend stand sie auf und ging nach oben. Axel sah mich unwohl an. Ich guckte genauso zurück.

Inzwischen hatten Doris und Metin ihre Beratung beendet. Jetzt würde ich meine Schuld beichten müssen.

Doch zunächst fasste der Kriminalkommissar die Lage sachgerecht zusammen, wobei Doris ihn mit ihren emotionalen Aufrufen immer wieder unterbrach.

»Axel hat seine Eltern verloren. Er lebt in einem Waisenhaus. Er hat sich in der Schule mit Lena angefreundet. Dann hat er unsere Familie kennengelernt. Er fühlt sich in unserem Haus wohl. Aber sein Wohnort ist das Waisenhaus. Heute hat Axel vor unserer Haustür geschlafen.«

»Die ganze Nacht. Mit wilden Tieren …«

»Axel braucht uns. Dich, Lena, als seine Freundin, und dich, Doris. Aber nicht als Therapeutin, sondern als Mutter.«

Jetzt quetschten sich Doris und Metin auch noch aufs Sofa und nahmen Axel in ihre Mitte. Dann machten sie ihm einen sehr intimen Vorschlag, wie Doris es nannte. Sie luden Axel ein bei uns einzuziehen. Und das, obwohl sie ein bisschen Angst hatten, ihm damit zu nahe zu treten.

Aber Axel fiel den beiden wie ein Verrückter um den Hals. Er wollte bei uns wohnen, das war ziemlich deutlich.

Ich verschob mein Geständnis und schlich mich ganz leise nach oben. Niemand bemerkte das. Denn sie hatten genug damit zu tun, sich gegenseitig abzuknutschen.
Der Tag fing erst an und schon wieder war mein Leben einmal durchgeschüttelt und auf den Kopf gestellt.
Cem stand an seiner Zimmertür und grinste mich ausgeschlafen an.
Wenn der wüsste!
Er wollte mich sofort in sein Zimmer ziehen, aber damit war es jetzt vorbei. Ich musste ihm das dringend sagen. Irgendwo, auf neutralem Raum, mit möglichst wenig Geschirr. Also schob ich Cem ins Bad.
»Ich muss dir was sagen.«
Cem schüttelte den Kopf und legte den Finger auf seinen Mund. »Jetzt nicht.«
Dann lächelte er und kam näher, um mich zu küssen.
»Nicht hier.«
»Okay, dann räum ich schnell die alten Unterhosen unters Bett und wir knutschen in meinem Zimmer.«
Noch ehe ich ihm irgendwas sagen konnte, war er weg. Ich wusch mir kurz das Gesicht mit kaltem Wasser. Da stand Cem schon wieder in der Badtür.
»Und, alles weggeräumt?«
»Nicht alles«, antwortete er mit flacher Stimme. Er nahm mich an der Hand und zog mich zu seinem Zimmer. Wortlos drückte er die Tür auf.
Vor Cems Bett saß Axel und blies eine Luftmatratze auf. Dabei strahlte er mich über das ganze Gesicht an. »Na, Mausezähnchen?«

Er hat die Rattenhauer von Cem wohl noch nicht gesehen.
Jetzt kamen Doris und Metin die Treppe hoch. »Axel wird in Cems Zimmer wohnen. Ist das nicht eine großartige Lösung?«
Fragt sich nur, für wen.
Axel sah mich auffordernd an. Ganz langsam formten meine Lippen ein Betonlächeln. Und dann hörte ich mich sagen: »Boah, das ist ja super«, während meine Augen Cem zu signalisieren versuchten, dass ich echt kotzte.
»Er soll bei uns einziehen? Und dann auch noch in mein Zimmer?«
Doris versuchte gute Stimmung zu machen. »Ihr seid doch im gleichen Alter. Und habt so viele Gemeinsamkeiten.«
Zum Beispiel mich.
»Baba ya, haksizlik bu!«*
Metin benutzte seinen sanftesten Tonfall, als er Cem antwortete. »Canim, o intihar etti, annesibabasi otoyolda öldüler.«**
»O niye benim problemim olsun, onlar fena araba kullanırlarsa!«***
Axel schaute inzwischen so verschreckt, dass er mir leid-

---

  * »Papa, das ist unfair!«
  ** »Canim, er hat Selbstmord gemacht und seine Eltern sind auf der Autobahn gestorben.«
  *** »Warum ist das jetzt mein Problem, wenn die so schlecht Auto fahren!«

tat. »Sie reden bestimmt nur über die Fußballergebnisse«, sagte ich beruhigend.
Er sah mich zweifelnd an. Zu Recht. Im nächsten Augenblick packte Cem Axels Arm und begann ihn aus dem Zimmer zu zerren, Metin versuchte die beiden zu trennen und Doris wiederum wollte, dass alle sofort mit dem Gerangel aufhörten.
»Metin, bitte, benimm dich nicht wie im Wedding. Du bist Akademiker. Und wir müssen respektieren, wenn Cem seine Privatsphäre nicht teilen will.«
Als sie trotzdem nicht aufhörten sich gegenseitig die Arme aus dem Oberkörper zu ziehen, schlug ich vor, dass Axel ja bei Yagmur und mir im Zimmer schlafen könnte. Sofort ließ Cem Axels Arm los, so dass Axel, Metin und Doris fast hinstürzten.
»Nee, nee, nee ... Ich meine, Yagmur schläft nicht mit Jungs im Zimmer!«
Yagmur, die eben erst zu der Rangelei dazugekommen war, schaute verwundert. Zu Recht. Denn Cem hatte noch nie Rücksicht auf sie genommen.
Das hätte sie vielleicht nicht laut sagen sollen. Cem war sofort wieder auf hundertachtzig und fuhr sie an, dass sie die Klappe halten sollte. Ehe Yagmur wütend über ihn herfiel, bat ich Cem um eine kurze Aussprache in seinem Zimmer. Es war echt Zeit zum Reden!
»Kannst du vielleicht mal einen türkischen Gang runterschalten? Sonst merkt hier wirklich jeder, dass wir was am Laufen haben.«
Cem sackte richtiggehend in sich zusammen. Seine

Stimme klang enttäuscht. »Ich jedenfalls merk's nicht. Seit zwei Tagen versuchen wir rumzumachen und so, und wenn Spasti hier einzieht ... Fuck! Was ist das denn?«

Wie vom Donner gerührt starrte er auf die Zimmerwand.

»Das ist Yvonne Catterfield.«

»Was macht die denn an meiner Wand?« Verwirrt drehte er sich um und stieß einen neuen Schrei aus. Auf der anderen Seite klebte Jeanette Biedermann.

»Die sind ja zu zweit!«

Cem war so entsetzt, dass ich mich erst mal vor Jeanette stellen musste, damit er mir überhaupt zuhören konnte.

»Du musst meine Mutter verstehen. Sie will nicht, dass er noch mal vor ein Auto rennt. Und dein Vater will alles, was meine Mutter will.«

Das Glück der Familie hing also von Cem ab.

Er seufzte und musterte mich aufgewühlt. »Weißt du, wie lange ich jetzt schon auf einen Kuss warte?«

Dann kam er langsam auf Jeanette und mich zu. Er schloss die Augen (damit er sie nicht sehen musste) und versuchte mich zu küssen. Aber gerade jetzt konnte ich mich überhaupt nicht auf einen Kuss von Cem konzentrieren. Schließlich stand hinter der Tür unsere ganze Familie samt neuem Sohn und wartete auf seine Entscheidung.

»Also? Sind wir uns einig?«

Ich haute ihm zärtlich auf seine Finger, die auf meiner

Hüfte lagen und versuchten meinen Pullover hochzustreifen. Dabei sah ich ihn fragend und betont streng an.
»Okay, Mama.«
Die Sache ist doch pervers genug. Wenn er mich jetzt auch noch Mama nennt …
Ehe die restliche Familie Cems Zimmer stürmte, gingen wir raus. Alle sahen uns erwartungsvoll entgegen. Ich setzte wieder mein Betonlächeln auf. »Alles geklärt. Wir hatten nur ein Gespräch unter …«
»Geschwistern.«
Gut, dass Cem das gerade noch eingefallen war. Aber ihm fiel auch noch mehr ein.
»Und hier kommen die Rules. Wenn du schnarchst, mach ich dich kalt. Braut wider Willen und Britney Pups verpissen sich von meiner Wand. Rest folgt.«
Dabei wippte er mit den Knien, tippte Axel kurz an die Brust und ging immer noch wippend an uns vorbei nach unten.
Ich sah ihm hinterher. Genauso hatte es auch mal mit ihm und mir angefangen. Nur dass ich keine seiner Regeln jemals befolgt hatte. Aber es war der Beginn einer tiefen Zuneigung gewesen. Vielleicht lief das bei Cem und Axel ja genauso?
Und sie werden schwul? Niemals!
Doris und Metin atmeten jedenfalls erleichtert auf. Aber Axel sah ziemlich beunruhigt aus. Irgendwie war das auch gerecht.
»Er ist niedlich, nicht?«
Alle sahen mich entgeistert an.

Lena, pass auf, was du sagst. Niedlich findet hier Cem niemand.

»Ich meine, niedlich zu Axel. Er mag ihn. Also ... insgeheim.«

Das gefiel Doris. So was sagte man wahrscheinlich auch in ihren Handbüchern zur Begrüßung eines neuen Familienmitgliedes. Sie nickte jedenfalls begeistert.

»Jetzt können wir uns um dich kümmern, Axel. Und ihr habt auch mehr voneinander, Gurke.«

Dazu wusste ich nichts zu sagen. Einfach nichts. Die anderen redeten ja inzwischen auch alle durcheinander. Axel umarmte einen nach dem anderen und versicherte, wie glücklich er in seiner neuen Familie war.

Ich kam zuletzt dran. Und er drückte mich so fest und so lange, dass ich nie, nie mehr schwach werden konnte. Dann schlossen Doris und Metin den Kreis und umarmten Axel und mich.

Da standen wir, wie die Kommune 1. Oder besser: wie ein Häufchen Unglück.

Es wurde alles immer noch ein bisschen komplizierter. Aber es ist ja nicht so, dass das Komplizierte mich nicht reizt.

Meine Mutter hatte also beschlossen, dass Axel im Waisenhaus nicht gut aufgehoben war. Ausgerechnet in dem Moment, als Cem und ich eine Affäre anfangen wollten.

Eine richtige Affäre, mit Küssen, Liebesschwüren und Geschenken. Meine Freundin Kathi, die schon seit einem Jahr in Amerika ist, wäre bestimmt blass vor Neid. Sie hat nämlich mit den Affären angefangen, aber von mehr als Abschiedsküssen konnte sie bisher noch nicht erzählen.

Bislang hatte meine Affäre allerdings eher den Namen Agieren-unter-erschwerten-Bedingungen verdient. Keine Ahnung, wie wir das mit dem Küssen, den Liebesschwüren und Geschenken planen sollten, wenn Axel immer daneben stand. Aber genau das meint man wahrscheinlich mit Herausforderung. Und über dieser Herausforderung hatte ich den gesamten Sonntag gebrütet.

Heute Morgen, bevor Doris wie ein aufgeschrecktes, ungeschminktes Huhn in die Praxis rannte, wollte sie wissen, ob es richtig war, Axel bei uns einziehen zu lassen.

Warum fragt sie mich das erst, wenn die Entscheidung längst gefallen ist? Was soll ich ihr denn darauf antworten?

»Mama, schmink dich. Wenn du so in die Praxis

gehst, dann kriegen deine Patienten doch das nächste Trauma.«

Doris guckte beleidigt und drohte mir die Urlaubskarte von Tante Didi aus Thailand nicht zu zeigen. Als ob mich interessierte, was Didi in Thailand machte. Es sei denn, sie suchte sich dort endlich einen neuen Mann ...

Kaum hatte Doris das Haus verlassen, kam Cem runter. Ihm standen alle Haare zu Berge. Entweder hatte auch er den Sonntag mit der Bewältigung der Herausforderung verbracht und war zu diesem sichtbaren Ergebnis gekommen oder aber Yvonne und Jeanette lächelten ihn wieder von oben herab an.

»Und, was machen wir jetzt?«

Sie lächeln also.

»Das ist alles nur eine Frage der Organisation. Wir erkälten uns und schwänzen morgen die Schule. Dann haben wir den ganzen Vormittag für uns.«

»Wie erkälten wir uns denn?«

»Wir TUN so, Cem, wir tun so.« *Manchmal ist Cem wirklich ganz schön blöd. Aber für eine Affäre wird es schon reichen.*

Cem grinste. Wahrscheinlich wusste er genau, was ich dachte. Und es machte ihm überhaupt nichts aus. Im Gegenteil. Er knabberte sogar zärtlich an meinem Ohr. Ich hätte gerne genauso sanft zurückgeknabbert, aber ausgerechnet in diesem Augenblick spazierte Axel in die Küche. Er strahlte dermaßen, dass mir der Verdacht kam, dass er es war, der das Nutellaglas bis auf den letzten Rest geleert hatte. Meine gute Laune war sofort im Keller. Ich schubste Cem weg und tat so, als würde ich die Spülmaschine ausräumen.

Aber Axel hatte was ganz anderes froh gemacht. Sein Arzt hatte ihn nämlich vier Wochen krankgeschrieben. Meine sonntäglichen Anstrengungen waren also für den Eimer. Ich konnte mich mit Cem höchstens in der Schule treffen. Na super. Dort gab es null Intimität. Selbst das Mädchenklo mutierte inzwischen zum Treffpunkt Nummer eins. Blieb nur das Jungsklo. Aber da konnte man vor Gestank einfach keine Luft holen.

Cem kotzte innerlich so, dass selbst Axel aufmerksam wurde. Er unterbrach sein Strahlen für einen Moment und hob fragend die Augenbrauen. Cem hielt zur Erklärung kurz das leere Nutellaglas hoch. Damit war Axel aber noch nicht zufrieden. Er wollte, dass ich ihn umarmte. Gleich hier in der Küche und auf jeden Fall vor Cem. Das würde ihm Sicherheit geben und das Gefühl verstärken, dass jetzt alles richtig für ihn lief und er so bald keinen Abschiedskuss von mir bekommen würde.

Natürlich nicht. Also umarmte ich ihn. Cem versuchte verzweifelt doch noch etwas Nutella aus dem Glas zu kratzen und starrte uns dabei eifersüchtig an.

So ist das eben. Hände, Augen, Ohren, Beziehung. Wirklich wichtige Dinge hat man doppelt.

Kapitel 2
Das mit dem Abschiedskuss

Nachdem Yvonne und Jeanette endgültig verschwinden mussten, machte sich am Nachmittag auch Axel auf den Weg. Aber nur, um seine restlichen Sachen aus dem Heim zu holen. Nicht dass er Cem und mich alleine gelassen hätte: Er wartete so lange, bis Doris aus der Praxis kam, um uns mit ihrer allgegenwärtigen Liebe zu versorgen. Ich fürchtete schon, dass sie uns dazu so was richtig Schönes kochen wollte, aber sie verschwand sofort im Bad und starrte dort unseren riesigen Berg Dreckwäsche an. Die Menge konnte einen wahrscheinlich echt zur Verzweiflung bringen, genauso wie Opas Gebiss, das schon wieder im Waschbecken rumlag. Aber Doris bewegte etwas anderes.
»Textilpflegesymbole. Weißt du, was das ist, Lena?«
Ich hatte davon gehört. Aber weil ich ahnte, dass sie das gegen mich aufbringen würde, schüttelte ich brav den Kopf.
Doris nickte.
Und ohne dass ich danach gefragt hätte, hielt sie mir einen Vortrag: »Ich jedenfalls trenne keine Wäsche. Wir haben 2008. Ich habe einen Doktortitel, einen Führerschein und manchmal rasier ich mir im Winter nicht die Beine. Und das mach ich mir nicht kaputt, indem ich hier wie ein Hausmütterchen auf blutigen Knien diese winzigen Dinger lese. Die sind bestimmt

von Männern erfunden worden. Ich bin mit Prinzipien in diese Beziehung gegangen. Und ich habe mit Metin verabredet, dass wir uns nicht füreinander verbiegen.«

Sie sah mich Zustimmung heischend an. Und ich erinnerte mich daran, wie ich gestern schreiend aus dem Bad gerannt war, weil Metin mit rosa Unterwäsche vor dem Spiegel stand. Ich hatte noch überlegt, ob er jetzt zu den Metrosexuellen rübergeschwommen war, aber eigentlich sah er einfach nur sauer aus. Die rosa Wäsche ging also auf Doris' Konto und das hatte sie in diese Depression gestürzt.

Als ich immer noch nichts sagte, schüttelte sie verzweifelt den Kopf. »Textilpflegesymbole. Not in this life.«

»Trenn dich nicht von Metin, sondern trenn die Wäsche, ja?«

Doris setzte gerade zu einer langen Gegenrede an, da hörten wir im Treppenhaus einen echt lauten Knall. Das war bestimmt Nille, der mit seinem selbst gebastelten Teleskop die Treppen runtergesegelt war. Wir sprinteten nach unten.

Nicht Nille, sondern Axel hockte auf den Stufen. Vor ihm lag ein aufgerissener Umzugskarton und um ihn herum häuften sich lauter seltsame Dinge.

»Das sind die Sachen von meinen Eltern. Die hab ich seit ihrem Unfall nicht mehr angesehen.«

Doris hatte die Textilpflegesymbole und deren Dramatik sofort vergessen. Sie setzte sich hin und gab Axel von ihrer mütterlichen Wärme ab.

»Das tut weh, Axel, aber du darfst die Vergangenheit nicht aus deinem Leben ausschließen.«

Wir sahen uns die auf dem Fußboden verstreuten Dinge an. Da waren ziemlich kitschige Ketten – »Mamas Schmuck« – und jede Menge Klötze, die ich nicht identifizieren konnte – »Papas Briefbeschwerer-Sammlung«.

Unter dem größten Briefbeschwerer lag dann noch etwas. Zwei Flugtickets. Axel zog sie wie in Zeitlupe hervor. Und als er ›Berlin–Mallorca‹ darauf las, traten ihm die Tränen in die Augen!

Okay, Axel kommt aus dem Osten, aber auch dort hatten die doch jetzt fast 20 Jahre Zeit, einmal hackedicht den Ballermann hoch und runter zu flanieren.

Doris musste ihn erst schütteln, ehe er uns erklärte, was los war. Sein Vater hatte Flugangst gehabt. Während andere in den großen Ferien zum Flughafen fuhren, um die weite Welt zu sehen, fuhr Axel mit seinen Eltern immer an den Liepnitzsee. Seine Mutter weinte jedes Mal heimlich, wenn sie das Zelt in den Kofferraum packte. Sie hatte gefunden, dass sein Vater seine Angst überwinden müsste, wenn er sie wirklich liebte.

Jetzt fing Axel an zu heulen. »Sie sind gestorben, ehe er ihr beweisen konnte, dass er es geschafft hat! Für sie. Aus Liebe.«

Er knüllte verzweifelt die Tickets zusammen, zog sich am Treppengeländer hoch und schleppte sich schluchzend nach oben.

Ich blieb noch eine Weile mit Doris sitzen und dachte an Axels Eltern. Der kleine Finanzbeamte, der in der Hochzeitsnacht eingeschlafen war, hatte aus Liebe seine Flugangst überwunden. Er hätte nur besser Auto fahren sollen, dann wäre das sicher ganz groß angekommen.

Doris zog sich still ins Bad zurück und mir blieb die ehrenvolle Aufgabe, Axels verstreute Sachen vom Fußboden aufzuheben. Ich betrachtete jeden einzelnen Briefbeschwerer, die Ketten seiner Mutter und besonders lange die Tickets nach Mallorca. Warum musste man denn ausgerechnet nach Mallorca fliegen, um jemand seine Liebe zu beweisen? Mir erschien das der völlig falsche Ort für diese Geste.

Cem saß oben auf der Treppe. Ich weiß nicht, ob er die ganze Zeit zugehört hatte oder ob er aus seinem Zimmer geflüchtet war, als Axel kam. Er wollte jetzt jedenfalls auch einen Liebesbeweis. Und zwar so schnell wie möglich. Am besten sofort. Ehe ich verunglückte.

Aber Axel lag da drin auf Cems Bett, hörte laut den TKKG-Titelsong und konnte jeden Augenblick rauskommen. Das war also weder der richtige Ort noch die richtige Zeit, um was zu beweisen.

»Heute Nacht«, schlug ich stattdessen vor.

Cem war nicht gerade begeistert. »Geil. Wir spielen Kindergarten. Um Mitternacht warte ich in der Wanduhr im Wohnzimmer. Und nur falls du mich nicht erkennst: Ich bin der, der sich als Vollidiot verkleidet hat.«

Dabei saß er mit verschränkten Armen da und guckte

mich wütend an. Es war dieser Grrrr-Blick, mit zusammengekniffenen Augen, der ihn nicht wirklich böse, sondern eher sexy aussehen ließ. Als ich auch grrr guckte, mussten wir beide lachen.

»Ich hasse dich.«

»Ich hasse dich noch viel mehr.«

Das klang so schön, dass ich ihn dafür hätte küssen wollen und er mich auch. In diesem Moment kam Axel aus Cems Zimmer.

»Hey Lena, hier seid ihr ja.« Er grinste. »Klößchen ist *so* witzig.«

Wenn er nicht gerade eben den TKKG-Song gehört hätte – ein eindeutiges Zeichen für einen depressiven Gemütszustand –, dann hätte man Axel nicht besonders traurig gefunden.

Tatsächlich erinnerten ihn wohl erst unsere verstörten Gesichter an das, was unter dem Briefbeschwerer gelegen hatte. Jedenfalls bat er mich ganz kleinlaut, ihn in die Apotheke zu begleiten.

Bis Mitternacht waren es noch fünf Stunden. Also schlurfte ich nach der Apotheke mit Axel zum Buchladen, um die Neuerscheinungen dieses Monats unter die Lupe zu nehmen. Dort trafen wir ausgerechnet Costa, der sich schnell zu verdrücken versuchte. Wenn mich nicht alles täuschte, hielt er Rosamunde Pilcher in der Hand. Wer weiß, vielleicht verwechselte er sie ja mit Steven King. Aber selbst wenn: Ich war bislang der festen Meinung gewesen, dass Costa gar nicht lesen kann!

»Borgst du mir das mal, damit ich einen Leserbrief an Frau Pilcher schreiben kann?«, rief ich ihm hinterher. Doch er rannte weg, als sei ich der Teufel und hinter ihm her.

Zu Hause fanden wir Doris mal wieder in heller Aufregung vor. Metin war zu einer Tatortuntersuchung im Wald gerufen worden und dort hatte es wohl nicht nur eine Leiche gegeben, sondern irgendwo in der Nähe auch den Mörder und dessen Uzi.

Während Doris Metin jetzt immer wieder an sich presste, weil sie ihn von der Uzi durchlöchert in der Pathologie liegen sah, klaute er uns ziemlich lebendig das Popcorn. Er genoss ganz offensichtlich die Aufmerksamkeit. Im Gegensatz zu Doris blieb Yagmur ganz ungerührt und behauptete, dass ihre Mutter Metin aus dem Himmel beschützte. Sie sei immer bei uns, so wie Allah und Axel.

Der allgegenwärtige Axel blieb zum Glück am Popcorn kleben und ich verzog mich in mein Zimmer. Es waren immer noch vier, noch drei, noch …

Mein Telefon klingelte. Eine SMS. Von Cem.

Bestimmt sagt er mir jetzt ab.

Meine Hand zitterte ein bisschen, als ich sie las: »Zwei Stunden! Dein Vollidiot«.

Ich starrte auf das Telefon und lächelte verliebt.

Vor lauter Wohlbehagen muss ich eingeschlafen sein. Zum Glück schnarchte Yagmur so laut, dass ich irgendwann aufwachte. Schon nach Mitternacht! Leise schlich ich mich auf den Flur. Es war ganz still im Haus. Aber da: Im Bad brannte noch Licht! Ob Cem das Bad mit dem Wohnzimmer verwechselt hatte?

Ich wuschelte mir noch mal ordentlich die Haare auf und öffnete die Tür. Auf dem Boden lag Doris und schlief. Ihre Wangen zierte eine weiße, verkrustete Gesichtsmaske, um sie herum thronten viele verschiedene Wäschestapel, nach Farben sortiert.

So eine Uzi im Wald kann eine Menge verändern. Hauptsache, Doris fuhr nicht Auto, bevor Metin die Wäschestapel auch angemessen bewundert hatte!

Cems Zimmertür war nur angelehnt. Er war also schon unten und wartete auf mich. Hoffentlich schlief Axel.

Von wegen.

Durch den Türspalt war deutlich sein Räuspern, Seufzen und Naseputzen zu hören. Vorsichtig drückte ich die Tür noch ein bisschen weiter auf. Axel saß auf dem Bett und rieb sich verstört das Gesicht.

»Du solltest schlafen! Ich meine, wieso schläfst du nicht?«

Ganz langsam wandte sich Axel zu mir um. Sein Gesicht hätte einen Stein erweichen können. »Ach nichts ... Geh einfach.«

Er drehte sich wieder weg.

»Axel, lass mich nicht so hier stehen. Sag, was mit dir los ist.«

Seine Schultern zuckten.

Oh Gott, er wird sich wieder etwas antun!

Ich streichelte ihm den Rücken. Er hatte irgendwas in der Hand.

»Was ist das?«

»Die Tabletten. Psychopharmaka. Ich muss die nur schlucken. Dann ist alles schön.«

Er lächelte. Und sein Lächeln war so traurig, dass es mir das Herz umdrehte.

»Axeli, nimm die nicht. Sag mir bitte, was los ist!« Ich setzte mich neben ihn und fasste nach seiner Hand. Zum Glück ließ er sich nicht lange bitten.

»Ich hab wieder geträumt, dass ich ... Und keiner findet mich und ich bleibe auf der Straße liegen. Dann bin ich auf einmal ein Skelett. Und Cem kommt mit seinem Mofa und fährt über mich drüber.«

»Was heißt hier, du hast das wieder geträumt? Wie oft träumst du das denn?«

Axel zögerte ein bisschen mit seiner Antwort und sagte dann leise: »Oft.«

Dabei seufzte er wieder und schnaubte geräuschvoll die Nase. Ich streichelte ihn und versuchte mir meine Nervosität nicht anmerken zu lassen.

»Musst du irgendwohin?« Axels Stimme klang so kläglich, dass ich mir total fies vorkam.

»Quatsch. Wohin denn, du Spinner? Hallo? Es ist nach Mitternacht.« *Auf der Auswahl der fiesesten Lügner kriege ich bestimmt Platz eins.*

Axel schaute so glücklich, dass ich keine Wahl hatte. Ich nahm ihm die Tabletten aus der Hand und zog ihn in mein Zimmer. Dort bugsierte ich ihn in mein Bett und deckte ihn behutsam zu. Axel sah mich mit großen Augen unentwegt an. Als ich eine winzige Bewegung

Richtung Tür machte, zuckte er sofort zusammen. Ich konnte nicht. Ich konnte ihn einfach nicht allein lassen. Also kuschelte ich mich an ihn und schlief ein.

Wahrscheinlich träumte ich auch, ein Skelett zu sein. Dass Cem mich überfuhr, passierte allerdings, nachdem ich aufgewacht war, oder besser: kurz davor. Ich wurde nämlich von einem Blick wach.

So was geht wirklich.

Er stand an der Tür und starrte mich an. Aber nicht mich allein. Auch einen Typen, der vor mir im Bett lag. Shit, das war ja Axel, der noch tief und fest schlief!

Cem sah überrascht und wirklich getroffen aus. Sein Blick sagte ganz deutlich: »Vielen Dank für das Date heute Nacht. Dein Opa hat mich mit seinem Stock geweckt.« Sein Blick wartete auf eine Antwort. Auf irgendwas.

Ich konnte nichts sagen. Er würde es nicht verstehen.

Cem drehte sich um. Ausgerechnet jetzt wachte auch noch Yagmur auf. Als sie Axel sah, fing sie an zu kreischen. Ein Junge in ihrem Zimmer! Schnell zog sie sich die Decke bis übers Kinn und trippelte damit raus, als wäre sie nackt. Zur Beruhigung rief sie zusätzlich Allah an.

Ich stand vorsichtig auf, um Axel nicht zu wecken, und schlich aus dem Zimmer. Cem wartete hinter der Tür auf mich und auf eine Erklärung.

»Mann, ich kann doch auch nichts machen. Es ist nicht so einfach, unmoralisch zu sein. Ich hab ein sauschlech-

tes Gewissen. Vor allem seit er hier wohnt. Ich wusste nicht, dass er immer noch so mies drauf ist.«
»Du hast gesagt, dass du mich willst. Ich habe dir geglaubt. Außerdem haben tausend Leute eine Affäre.«
»Er ist immer noch selbstmordgefährdet und saß heulend auf seinem Bett.«
»Und deshalb liegt er jetzt in *deinem* Bett?«
Cem benahm sich echt wie ein Korinthenkacker. Unsere Blicke fochten einen harten Kampf aus. Ich siegte schließlich. Rein blicklich, versteht sich.
Er drehte sich um und zischte: »Wir haben uns noch nicht mal geküsst und ich hab das Gefühl, wir sind schon zehn Jahre zusammen, ey.«
Dann ging er in sein Zimmer und schmiss mir die Tür vor der Nase zu. Auf dem Flur kam mir Doris entgegen. Sie hatte gute Laune. Das war echt ungerecht.
»Hast du dich mal gefragt, wie es Axel geht, während du die Nacht mit Textilpflegesymbolen verbringst?«
Doris begriff gar nichts. Sie zog die Augenbrauen hoch und fand, dass es Axel doch ganz gut ginge, besonders seit er bei uns wohnte. Dabei kam Axel jetzt einfach statt bei Doris bei mir zur Therapie! Sie wurde ja wenigstens dafür bezahlt. Und als ich mich darüber beschwerte, fand sie auch noch, dass ich als Axels Freundin ja wohl eine Schulter für ihn übrighaben sollte.
Was sie nicht wusste, war, dass sich Axel nicht mit meiner Schulter zufriedengeben würde. Ich ließ sie stehen und knallte meine Zimmertür geräuschvoll zu. BAMM.

Yagmur hatte Axel inzwischen aus unserem Zimmer vertrieben und guckte mich mit vorwurfsvoller Miene an. Erst auf dem Schulweg machte sie schließlich ihren Mund auf. Ich erwartete jede Menge Vorwürfe.
Damit lag ich mal wieder richtig.
»Du hast keinen Respekt vor deiner Mutter.«
»Da sind wir ja auf jeden Fall schon zu zweit.«
»Ich finde, Doris ist ein gottloser Mensch ohne Scham und sie neigt dazu, einen extrem zu nerven. Aber es ist genauso deine Aufgabe, wiedergutzumachen, was du Axel angetan hast, wie es ihre Aufgabe ist.«
Ich weiß nicht, wie Yagmur es schafft, immer das Richtige zu treffen. Ich würde das natürlich niemals vor ihr zugeben und am liebsten auch nicht vor mir: Aber sie hatte Recht! Ich war schuld, dass es Axel so schlecht ging. Ich musste das wiedergutmachen.
Von der Schule kriegte ich nicht besonders viel mit. Auch Cem ging mir aus dem Weg. Und das war besser so. Denn hätten wir miteinander geredet, dann hätte ich ihm gesagt, wie schön ich es fände, unmoralisch zu sein. Aber ich konnte es einfach nicht. Ich war sogar zu blöd ein Date zu haben.
In Mathe erwartete uns ein unangekündigter Test und plötzlich wurde mir klar, dass die Sache mit Cem vielleicht auch nur ein Test war. Ein Test, um herauszufinden, wie egoistisch ich war.
Als wir abgeben sollten, schrieb ich auf meine leere Seite ganz ordentlich meinen Namen: Helena Claudette Schneider.

Remember? Das bin ich.
Aber wer bin ich? Oder was für ein Mensch will ich eigentlich werden?

Je länger ich darüber nachdachte, umso mehr stand fest, dass mir nicht nur das Mathe-Gen, sondern auch das Schlampen-Gen fehlte. Zu wenig Katie Price (nicht nur am Busen), zu viel Doris.

Vor mir lag das Herz von Cem. Ich starrte den Anhänger so lange an, bis er vor meinen Augen verschwamm. Dann sah ich zu ihm rüber. Sein Blatt war auch leer. Bis auf seinen Namen: Cemil Öztürk.

Unsere Blicke trafen sich und wir verstanden uns.

In der nächsten Pause warteten wir, bis alle draußen auf dem Hof waren. Dann zog Cem mich auf den Flur. In meiner Hand pulsierte das Amulett seiner Mutter, als sei es ein lebendiges Herz. Ich erzählte von meiner neuen Selbsterkenntnis.

»Dir fehlt das Schlampen-Gen?«

Cem sah mich an, als hätte ich nach meinem Babybrei verlangt. Dass Axels Zustand sich noch verschlimmert hatte, seit er bei uns war, wischte er mit einer Handbewegung weg.

»Spasti ahnt was von uns und deshalb spielt er sich auf wie ein Ertrinkender.«

»Quatsch, das bildest du dir ein. Weil du ein schlechtes Gewissen hast.«

Doch Cem kannte nicht mal das Wort Gewissen. »Die Coolen kriegen immer die Frau. So was nennt man Nahrungskette.«

Ich sah zu Boden. Das klang so wölfisch, dass es mir fast wehtat.
Cem merkte wohl, wie ich mich gerade in Turbogeschwindigkeit von ihm wegbewegte. Er nahm meine Hand und versuchte mich festzuhalten. »Ey, ich bin nicht mehr sauer wegen heute Nacht.«
Als ich immer noch nichts sagte, wurde er nervös.
»Ich hab den Schlüssel für den Chemieraum. Der ist bis zur Sechsten leer. Wir müssen nur aufpassen, dass wir nicht in die Salzsäure fallen, wenn wir ...«
Ich brauchte keinen Chemieraum mehr. Salzsäure vielleicht. Aber der Chemieraum war überflüssig. Ich stellte mich auf die Zehenspitzen und küsste ihn. Ohne mich umzugucken, ob jemand auf dem Gang war. Es war mir egal. Cem sank mit dem Rücken gegen die Wand. Ich küsste ihn so zärtlich und so lange, wie wir uns nur einmal geküsst hatten. Damals, als ...
Sofort hörte ich auf, denn mir war, als würde die Erinnerung daran langsam in meinen gesamten Körper fließen und mir die Kraft nehmen für das, was ich jetzt zu tun hatte.
Cem starrte mich verblüfft an. »Wow, was war das denn?«
»Das war ... ein Abschiedskuss.«
Ich öffnete meine Hand mit dem Amulett seiner Mutter. Während ich sprach, starrte ich darauf, als würde ich alles dem Anhänger erklären und nicht Cem.
»Es wird nicht funktionieren. Morgens Axel, abends du.« Meine Stimme wurde immer leiser. »Axel hat das

nicht verdient. Und du erst recht nicht. Es wäre feige von mir. Und unreif.«

In diesem Moment klingelte es. Alle stürmten wie die Wilden in die Klassen. Nur Cem und ich standen da und rührten uns nicht vom Fleck. Ich zwang mich hochzusehen. Cem starrte mich an. Fassungslos. Ich sah wieder auf das Amulett. Mir war, als würde es ein Loch in meine Haut brennen.

»Vielleicht können wir einfach nur Geschwister werden?«

Cem erwachte aus seiner Erstarrung. Ausdruckslos nahm er mir das brennende Herz aus der Hand. Ich konnte sehen, wie seine Faust weiß wurde, so fest presste er sie zusammen. Dann drehte er sich um und verschwand.

Als nichts, aber auch nichts mehr von ihm zu sehen war, sank ich langsam an der Wand hinab zum Fußboden. Inzwischen war es still auf dem Flur. Der Unterricht hatte begonnen. Also hatte ich fast eine Stunde Zeit zum Weinen.

Da öffnete sich die Toilettentür neben mir. Yagmur. Sie wirkte ehrlich erschrocken, als sie mich sah.

»Ist was passiert? Hat dich wer abgezogen? Die Russen, oder?«

Ich schüttelte den Kopf. Aber Yagmur sah nicht so aus, als würde sie lockerlassen, bevor sie eine Antwort kriegte.

»Nein. Ich hab mein Pausenbrot vergessen.«

Yagmur hat, seit ich sie kenne, immer eine kleine Ta-

sche umhängen. Ich dachte bisher, dass darin ihr Taschenkoran steckt. Jetzt öffnete sie sie umständlich und holte ein Schulbrot heraus. Mit einem mitleidigen Blick reichte sie es mir nach unten.
Sie ist die Schwester von Cem, dachte ich und die Tränen schossen mir in die Augen. Um sie vor Yagmur zu verstecken, biss ich schnell in ihr Brot.
»Hattest du so einen Hunger?«
Ich nickte heulend.
Sie zwinkerte mir zu. »Ich hab noch eins.«
Dann zog Yagmur mich mühsam hoch und hakte mich unter. Sie hatte eine Freistunde und die Absicht, sich um mich zu kümmern. Mit dem Ergebnis, dass ich schließlich sieben Brote in mich reinstopfte. Denn sobald ich aufhörte zu kauen, musste ich wieder weinen. Und Yagmur, die mich immer ungläubiger anstarrte, holte ein Brot nach dem anderen aus ihrer unergründlichen Tasche. Danach war mir so schlecht, dass ich wirklich nicht mehr weinen konnte.
Yagmur brachte mich nach Hause, machte mir eine Wärmflasche und wirkte so glücklich, dass ich sie in dem Glauben ließ, sie hätte mich von einer furchtbaren Hungerattacke geheilt. Es war gut, eine Schwester zu haben. Aber einen neuen Bruder zu bekommen brach mir das Herz.

Meine Tante Diana hatte ein dunkles Geheimnis.
Mindestens eins. Sie war aus Thailand zurück und verbrachte seitdem jeden Nachmittag bei uns. Vier Kilo hatte sie abgenommen, was bei ihr aber kaum auffiel. Außerdem saß sie unten im Wohnzimmer bestimmt schon wieder vor einem Berg frischer Backwaren und futterte ohne Pause. Opa Hermi plapperte währenddessen total aufgedreht vor sich hin, weil seine Lieblingstochter, die propere Diana, endlich wieder da war. Und Mama versuchte bei dieser Gelegenheit bestimmt Opa zu ihr abzuschieben, aber Diana würde ablehnen. Die wollte mit ihm höchstens Enten füttern. Für mehr hatte sie wegen ihres ominösen neuen Jobs keine Zeit. Und in der Wohnung wegen ihrem Freund Holger keinen Platz.
Also würde Opa bleiben. Und darauf tranken sie trotz allem Sekt und kicherten so laut, dass ihr Gekreische bis zu mir ins Zimmer tönte. Bestimmt saßen die anderen auch mit unten – Nille, Yagmur, Axel und ... vielleicht sogar Cem – und bedauerten die Kinder, die Diana als Lehrerin kriegten.
Nur ich wusste, dass sie damit uns bedauerten. Denn Diana hatte nichts Besseres zu tun gehabt, als sich ausgerechnet an unserer Schule einen Job zu suchen. Letzte Woche hatte ich ihren dicken Hintern neben unserem

neuen Direktor über den Schulflur wackeln sehen. So wackelt man nur, kurz bevor man einen Arbeitsvertrag unterschreibt.

Vielleicht hätte ich noch gezweifelt, aber dann schrillte ihre Stimme, mit der sie jeden Katastrophenfilm auf RTL und Pro7 synchronisieren könnte, eindeutig und unverkennbar durch den Flur: »Also auf bald, im Kollegium.« Fehlte eigentlich nur noch, dass sie dem Direktor auf den Arsch klatschte.

Innerlich merke ich sie mir jedenfalls als Sprecherin vor, falls meine Tagebücher mal als Hörbuch erscheinen würden.

Aber selbst die Tatsache, dass meine eigene Tante jetzt bei uns in der Schule unterrichtete und außerdem ihren Freund um die Ecke gebracht hatte (denn warum sollte sie sonst jeden Tag bei uns hocken und sich an unseren blatternarbigen Direktor ranschmeißen), ließ mich kalt. Ich hatte mit ganz anderen Weltuntergängen zu kämpfen. Jeden Tag aufs Neue. Wenn es mir mal kurzfristig gut ging, stellte ich mir die Inschrift auf meinem Grabstein vor: Sie opferte ihre Liebe. Wenn es mir schlecht ging, blieb mir nicht einmal das.

Mein Zimmer verließ ich nur noch für die Schule. Dort setzte ich mich dann hin und starrte stur geradeaus an die Tafel. Manchmal – so wie heute – war ich sogar zu schwach, um zu Fuß zu gehen. Dann fuhr ich mit Doris mit. Ihre Autofahrkünste brachten mich wenigstens meinem Grabstein näher. Ich konnte das genießen, Nille weniger.

»Allein fürs Anfahren kriegst du drei Punkte in Flensburg.«

Doris war so erstaunt, dass ihr lieber kleiner Nille Spurenelemente von Kritik zeigte, dass sie die Mathearbeit, die er ihr vor die Nase hielt, unterschrieb, ohne auch nur eine Sekunde draufgeguckt zu haben. So zeichnete sie schon mindestens die vierte Fünf ab. Dazu hielt sie uns jedes Mal Vorträge über den Überwachungsstaat. Doris eben.

Und dann kam es, wie es kommen musste: Nille hatte sein Pausenbrot im Auto vergessen, Doris, genannt Dodo, rannte uns hinterher und – Überraschung! – erwischte nicht nur uns, sondern auch ihre Schwester Diana, genannt Didi.

Erst sagte Dodo Didi, was sie ihr zu sagen hatte: »Du unterrichtest meine Kinder? Warum wusste ich das nicht?« Und dann sagte Didi Dodo, was es zu sagen gab: »Dein Nils schreibt Fünfen. Wusstest du das nicht?«

Doris stockte kurz und dann kam es wie aus der Pistole geschossen: »Natürlich wusste ich das. Es gibt keinen Lebensbereich meiner Kinder, in den ich nicht INTENSIV involviert wäre.«

Während sie das sagte, sah sie so ehrlich betroffen aus, dass ich mir jede spöttische Bemerkung verkniff. Aber sie log, fast ohne mit der Wimper zu zucken. Und sie war nicht die Einzige.

Kapitel 3
Das mit Lügen und Geheimnissen

Gestern, als ich mich widerwillig aus dem Bett kämpfte, um wie jede Woche Kathi schnell noch einen Bericht über die aktuellen Ereignisse in Old Germany zu schicken, fehlte meine Kamera. Ich dachte erst, dass Nils damit die Mondoberfläche fotografieren wollte, aber Nils bastelte an einem Perpetuum mobile. Dafür brauchte er keine Kamera. Nur den ersten Satz der Thermodynamik. Sagte er jedenfalls.
Und Yagmur weiß gar nicht, wie man so was bedient. Blieb also nur noch Cem. Ich war ihm schon seit Tagen erfolgreich aus dem Weg gegangen. Jetzt schlich ich mich in die Höhle des Löwen. Denn auf der Kamera kann man die Bildergalerie all meiner Geheimnisse sehen. Einfach alles, was niemand wissen darf, außer eben Kathi und ich.
Aber Cems Zimmer war leer. Er hockte auch nicht im Bad, nicht in der Küche und nicht im Wohnzimmer. Vielleicht hing er mit Costa rum. Blieb also nur Opa. Bloß, was machte Opa mit einer Kamera?
Aus dem Dachbodenzimmer drang Gemurmel. Komisch. Um diese Zeit? Eigentlich schlief Opa Hermi sonst immer bis in die Puppen. Vorsichtig öffnete ich die Tür. Das war eindeutig nicht Opas Rücken. Da saß jemand in Schlafklamotten in einer Ecke und filmte sich mit meiner Kamera!
»Ey du, Kathi heißte, oder? Wie du vielleicht schon ge-

checkt hast, bin ich NICHT Lena. Ich bin der Türke Slash Checker, von dem sie dir bestimmt schon erzählt hat. Pass auf: Erstens ist sie mit Axel nicht glücklich und ey ... zweitens, so, ich mag sie und mit Spasti stimmt was nicht. Ist so'n Gefühl. Ich bin Türke. Ich hab die Intuition und so, weißte?«

Ich räusperte mich. Cem drehte sich zu mir um und wirkte einen Moment ertappt. Dann erklärte er, dass er heute erst zur dritten in der Schule sein musste.

Ja und? »Lösch. Das.«

»Das ist die Wahrheit, die kann man nicht löschen.«

Ohhh, er vermisst mich!

Aber ich konnte jetzt nicht nachgeben. »Wir haben das ausdiskutiert.«

Cem sah mich traurig an. »Was hat der Kerl, was isch nicht hab, ey?«

Er spricht das bessere Deutsch. »Er hat 'ne harte Zeit hinter sich.«

Cem zuckte müde mit den Schultern, gab mir die Kamera zurück und sagte resigniert: »Trotzdem ist etwas faul an ihm.«

Ich zuckte auch mit den Schultern.

Schade, dass sich Cems ganze Wut auf Axel fokussierte. Das war so durchsichtig. Und einfach Schwachsinn. Warum wollte er unbedingt, dass ich schlecht von Axel dachte? Gerade das brachte mich nicht dazu, meine Entscheidung rückgängig zu machen. Ich würde bei Axel bleiben, denn er brauchte mich. Und außerdem kann man es schaffen, sich in jemand zu verlieben.

Opa Hermi war im Bad und suchte verzweifelt nach seinem Gebiss. Ob Doris die Drohung wahr gemacht und es in die Tonne geworfen hatte? Oder hatte Cem es versteckt, damit er in Opas Zimmer möglichst lange ungestört blieb?

Wütend vor sich hin brummend verzog Opa sich schließlich zahnlos zum Frühstück. Ich wusch mir die Haare. Danach saß ich tropfend auf dem Badewannenrand und wartete darauf, dass Axel kam, mich Mausezähnchen nannte und mir das Handtuch reichte.

Ich liebte Axel.

Jedenfalls fast.

Aber als sich die Tür öffnete, kam Cem, um sich die Zähne zu putzen, und sah mich immer noch an, als hätten sie ihm gerade die Fahrerlaubnis weggenommen. Ich wurde sofort wieder schwach. Aber eben auch nur fast. Denn er dachte gar nicht daran, mir das Handtuch zu geben. Und das bewies doch wohl eindeutig, dass er nicht der Richtige war.

Cem wird meine Entscheidung akzeptieren müssen. Und ich werde mich an Axel gewöhnen ... müssen. An ihm ist überhaupt nichts ... faul.

Axel lag noch im Bett. Er brauchte ja nicht zur Schule wie wir. Ich warf ihm eine liebevolle Kusshand zu.

»Und vergiss nicht deine Psychopharmaka zu nehmen, wenn du wieder depressiv wirst, ja?«

Axel nickte folgsam und erinnerte mich daran, mir die Haare zu trocknen. Mit dem Fön, den er mir gestern mitgebracht hatte. In letzter Zeit warf er mit Geschenken nur so um sich. Keine Ahnung, ob er im Lotto gewonnen hatte. Nille bekam einen Stapel Technikbücher, Metin eine tendenziell geschmacklose Seidenkrawatte, Yagmur ein neues Kopftuch, Doris einen Toaster und Cem eine Sonnenbrille.

Cem weigerte sich allerdings, irgendetwas von Axel zu benutzen. Knack. Das war die Brille. In der Mitte durch. Er holte unseren alten Toaster raus, kratzte sein verkohltes Brot ab und hörte lauten 50-Cent-Gangsta-Rap. Das brachte ihn immer so richtig in Stimmung gegen Axel. Auch heute wieder.

Als ich mich unbemerkt aus der Küche schleichen wollte, packte er mich und sagte: »50 Cent hatte neun Kugeln in der Brust und hat trotzdem nicht aufgegeben.«
Er beugte sich zu mir runter und wollte mich küssen.
»Wehe.«
»Boah, da hat aber jemand Schiss, dass es gut sein könnte.«
Er hat so Recht! »Ich habe überhaupt keinen Schiss. Ich könnte dich küssen, ohne etwas zu fühlen.«
Cem guckte mich an: Ach ja? Und ich guckte zurück: Ach ja. Cem zuckte mit den Schultern: Na dann? Und ich zuckte mit den Schultern: Na dann.
Er küsste mich. Dabei hielt er krampfhaft die Augen offen, um zu sehen, ob ich etwas fühlte, und ich hielt krampfhaft die Augen offen, um zu beweisen, dass ich nichts fühlte.
Denk an Opa. Denk an Opa, wenn er ohne Gebiss ist. Denk an Opa, wenn er NACKT ist!

Das half. Cem guckte immer verzweifelter und hörte schließlich auf mit dem Küssen. Nachdem er aus der Küche verschwunden war, brach ich zusammen. Ich fasste mir an die Lippen, auf denen noch vor Sekunden sein Mund zu fühlen war, und an meine Hüften, auf denen seine Hände gelegen hatten. Als ich meinen Kopf verzweifelt auf den Tisch sinken ließ, riss ich einen Stapel Tupperdosen mit runter, was ziemlichen Lärm machte.
Cem stand sofort wieder in der Tür und sah mich fragend an. Ich schüttelte den Kopf. Er grinste und ging. 50 Cent sang weiter »Love Me« und »Let Me In« und später noch »I Know You Don't Love Me«.
Mama musste mich in die Schule fahren. Ich hatte mal wieder keine Kraft zu laufen. Doris sah irgendwie auch scheiße aus. Sie kaute wahrscheinlich immer noch an Nilles Fünfen. Irgendwann glotzte sie mir auf den Pulli und fragte: »Sind deine Brüste gewachsen?«
»Hör auf zu schleimen und sag, was du willst.«
Klar, es ging um Nille. Doris fragte sich, warum alle von den Fünfen gewusst hatten, nur sie nicht.
»Vielleicht weil du seine Arbeiten unterschreibst, ohne auch nur einen Blick auf seine Noten zu werfen?« Während ich das sagte, tastete ich mir vorsichtig den Busen ab. War er möglicherweise doch gewachsen?
»Ja aber ich will ihm doch nicht das Gefühl geben, dass ich ihm in seinen Schulkram reinrede. Ich bin doch keine Eiskunstlauf-Mutter.«
Ich hoffe, dass sie solche Sätze nie außerhalb ihr Siebziger-Matrix sagt, sonst könnte ihr noch das Sorgerecht entzogen werden.

Dabei war das Schlimmste, dass Doris die Fünfen in Mathe total egal waren. Sorgen machten ihr lediglich die Fünfen in den kreativen Fächern. Eine in Musik für einen Affenschrei (Doris kochte) und eine in Kunst für wütend an die Wand geworfene Farbe (Doris kochte runter).
»Er ist eben mein kleiner Freigeist. Er singt so gerne. Und wie toll er Blockflöte spielt. Er ist mein kreativer Sohn. Meine Gene.«
Doris hatte sich ganz offensichtlich wieder voll im Griff. Sie war froh. Aber Nille konnte einem leidtun. Er wollte den Weltraum erobern und musste stattdessen Blockflöte spielen.
Als ich die Schule hinter mich gebracht hatte und wieder nach Hause ging, keifte es mir schon zwei Straßen entfernt in türkischer Hausfrauenmanier entgegen. Doris und Diana. Di und Do. Dick und Doof.
Dass die so schreien konnten. Erstaunlich. Bei ihrem Streit war es anfänglich noch um Nille gegangen, aber schon bald wechselten sie zum Eingemachten über.
Doris verkündete gerade laut, dass sie sich darauf freute, wenn Diana selbst Kinder hätte und dann nicht mehr so geschwollen über Erziehungsprobleme daherredete. Damit hatte sie wohl voll ins Schwarze getroffen. Diana würde demnächst nämlich überhaupt kein Kind kriegen (es sei denn, die unbefleckte Empfängnis klappt wieder), weil ihr Holger sie erst mit der 50-Kilo-Englischreferendarin betrogen und dann wegen der 48-Kilo-Französischreferendarin verlassen hatte.

Mit diesem Geständnis stampfte sie heulend raus und rannte mich auf der Treppe fast um. Doris sah einigermaßen getroffen aus. Dabei war das erst Dianas Geheimnis Nummer zwei. Wer weiß, wie viele sie noch hervorzerren würde.

Ich hatte die Nase voll von Drama und freute mich auf einen ruhigen Nachmittag. Doch als ich nach oben hüpfte, hörte ich aus Cems Zimmer einen erstickten Hilferuf. Ich riss die Tür auf. Cem hatte Axel im Schwitzkasten und versuchte ihm etwas aus dem Mund zu holen, auf dem Axel mit hochrotem Kopf herumkaute.

»Hey, spinnst du?« Ich knallte Cem meine Mappe auf den Kopf.

Er war einen Augenblick verwirrt und lockerte seinen Griff. Beschützend stellte ich mich vor Axel.

Cem ereiferte sich: »Dieser Lügenarsch wollte nie Selbstmord machen. Er wurde von einem Fahrradfahrer angefahren!«

Ich sah Axel an. Das konnte nicht stimmen.

Der schüttelte heftig den Kopf und kaute weiter. Endlich schluckte er angestrengt und sagte dann: »Cem will, dass ich dir nichts mehr kaufe. Weil er sein ganzes Geld für sein Mofa ausgibt und ohne Geschenke schlechter bei dir dasteht.«

Jetzt bekam Cem einen roten Kopf. »Er hat die Karte aufgegessen, auf der die Entschuldigung des Radfahrers stand! Und die Geschenke, die kriegt er von dem Typen. Weil der ein schlechtes Gewissen hat, kauft er Axel alles, was er will.«

Das klang irgendwie total unglaubwürdig. Auch Axel machte vorsichtig eine Schizo-Geste. Das brachte Cem so in Rage, dass er wieder auf Axel losgehen wollte. Ich konnte ihn grade noch zurückhalten. Cem sah echt zu viele Gangsterfilme!
»Du glaubst mir doch, oder?«
»Deine Frage ist unter diesen Umständen rhetorisch.«
Cem vergaß Axel und starrte mich blöde an. »Was heißt das, dieses Rhetodingsbums? Dass du mir glaubst?«
»Das heißt, dass du ein Vollidiot bist.«
Wutentbrannt boxte Cem seinen Kleiderschrank. So fest, dass er vor Schmerz winselte.
Ich winselte auch. Innerlich. Aber laut sagte ich: »Die U9 fährt direkt zum Bahnhof Zoo. Einfach am Eingang nach dem Affenhaus fragen. Die bringen dich dann nach Hause.«
Axel lachte. Ich war nur traurig. Irgendwie benahm sich Cem wie ein Idiot. Wenn er mit ›um mich kämpfen‹ Axel denunzieren meinte, dann würde er bei mir keine Sonne mehr sehen.
Und das war wirklich schlimm.
Schlimm für mich.
Gut, dass es unten Sturm klingelte. Dadurch wurde ich aus meiner depressiven Verstimmung herausgerissen.
Vor der Tür stand mit hochrotem Kopf Tante Diana. Noch bevor sie einen Ton sagen oder ihre Aktentasche auf Doris' Schädel knallen konnte, fiel diese ihr um den Hals und bat wortreich um Verzeihung. Man konnte

meinen, dass es bei uns wie bei zivilisierten Menschen zuging. Ich muss zugeben, ich war überrascht.

Diana war aber nicht wegen einer Entschuldigung zurückgekommen. Sie hatte statt ihrer Unterlagen zufällig den Konstruktionsplan von Nilles Perpetuum mobile mitgenommen und einen Geistesblitz gehabt: Was, wenn Nille nicht versetzungsgefährdet, sondern superintelligent war? In diesem Falle hätte sie, die propere Diana, endlich einen Hochbegabten entdeckt. Und das schien einer ihrer Herzenswünsche zu sein.

Begeistert referierte sie Doris, was ein hochintelligenter Nille alles erreichen konnte: zum Beispiel ein Heilmittel erfinden. Gegen Krebs, gegen Aids oder gegen Cellulitis. In ihrer unergründlichen Weisheit hatte Diana auch bereits einen Intelligenztest in der Tasche. Wenn Nille da mehr als 140 Punkte hatte, war er wirklich hochintelligent und könnte in ein Schweizer Internat für Hochbegabte gehen.

Cem würde bei diesem Test wahrscheinlich höchstens 60 Punkte schaffen. Wenn sein IQ überhaupt messbar ist.

Ich warf einen Blick auf die erste Aufgabe: Leben verhält sich zu Nebel wie 6332 zu 2336 oder 6232 oder 3236 oder 3326 oder 6332.

Häh?

»Nille, kommst du mal?«, riefen die Schwestern währenddessen wie aus einem Mund.

Ich versuchte immer noch die erste Frage zu verstehen, da hatte mein kleiner Bruder bereits alle Aufgaben erledigt. Doris begann Punkte zu zählen und Nille sah ihr ängstlich dabei zu. Sie überlegte so lange, dass ich ihr in Mathe auch mindestens eine Fünf verpasste.

»80. Äh, 84«, verbesserte sie sich.

Das ist ja nur wenig mehr als Cem.

Nille sah verstört aus. Da hatte Tante Diana also richtig falschgelegen mit dem Hochbegabten.

Doris versuchte ihn zu beruhigen. »Deine Stärken liegen eben woanders.«

»In der Kunst«, fügte ich spöttisch hinzu. Aber irgendwie war hier niemand nach Spott zu Mute. Mir selbst am allerwenigsten. Ich hätte mich ohrfeigen können, als ich Nils' trauriges Gesicht sah. Noch ein zerplatzter Traum.

»Ein IQ von 84, das ist schon ziemlich dumm, nicht?«

»Nein, überhaupt nicht.« Doris war fest entschlossen für ihre Kinder die Augen auch vor den Tatsachen zu verschließen. Dabei konnte sie tatsächlich froh sein, dass Nils es mit diesem IQ überhaupt schaffte, gerade zu laufen.

Deshalb ruderte sie auch ein bisschen rum. »Außerdem hat der Test ja nur mathematische Fähigkeiten überprüft. Man unterscheidet ja nach intellektueller und musischer Intelligenz. Und du bist einfach kein autistischer Zahlen-Junkie wie dieser ... Wie heißt der Mann, der im Rollstuhl sitzt und ständig über das Universum redet?«

»Stephen Hawking«, sagte Nille erschöpft. Andere Intelligenzarten interessierten ihn einfach nicht.

Während Doris ihm jetzt einen Vortrag über schwarze Löcher hielt, die gar nicht untersucht werden wollten, sah ich mir den Test genauer an.

Und siehe da, Dr. Doris Schneider hatte das Ergebnis gefälscht! Nille hatte 154 Punkte, nur einen Punkt unter genial. Und das waren gerade mal 0,5 Prozent der Bevölkerung! Mir wurde kurzfristig übel. Ich sah Dr. Doris von der Seite an. Sollte ich das nicht sofort Nille sagen?

Aber Doris' Augen waren so traurig, dass ich sie plötzlich verstand. Und dieses Gefühl musste ich einfach auskosten. Denn ich bemerkte es zum ersten Mal seit langer Zeit.

Doris war beim Zählen klar geworden, dass mehr als 140 Punkte ihren Lieblingssohn in ein Internat in der Schweiz befördern würden. Sie sah sich als einsame, verlassene Oma mit ihrem Sohn telefonieren, der als jüngster Absolvent des Schweizer Instituts für Hochbegabte zum Mars fliegen würde. Und die Chance, dass ihr Nils früher als in 60 Jahren von dort zurückkehrte, war sehr gering. Doris jedenfalls würde es bestimmt nicht mehr erleben. Deshalb hatte sie beschlossen ihn lieber dummzulügen.

Am Ende war gar nicht auszumachen, wer am meisten litt: Diana, weil sie keinen Hochbegabten entdeckt hatte, Nille, weil er nicht in das Schweizer Internat kam, oder Doris, weil sie ihren Sohn für dumm verkaufte.

Aber wenn man es von außen betrachtete, dann sah es

hier trotz der Lügen so aus, als sei Weihnachten. Also nicht gerade Weihnachten wie bei uns, aber Weihnachten, wie es im Fernsehen aussieht. Mit Frieden und Schokolade. Die verteilte Doris nämlich und jeder streichelte den Rücken des anderen. Fazit: Mit einer guten Lüge kann man nur gewinnen.

Aus dieser Perspektive fiel es mir dann gar nicht so schwer, Axel abends im Bad leichthin zuzuwerfen, dass ich ihn ahauch liebte.

Das machte ihn auf der Stelle glücklich. »Wenn das so ist und wir uns lieben, dann können wir ja auch miteinander schlafen.«

Äh ...

Axel wirkte regelrecht euphorisch. Er zwinkerte mir zu und huschte aus dem Bad.

Erschrocken sah ich ihm hinterher und verschluckte mich fast an meiner Zahnpasta. *Hab ich wirklich gesagt, dass man nur gewinnen kann?* Mit der Zahnbürste in der Hand rannte ich in mein Zimmer.

Yagmur räumte gerade ihre Schulmappe ein. »Was ist los?«

Ich sah sie prüfend an. Wahrscheinlich würde sie in eine längere Ohnmacht fallen, wenn ich ihr erzählte, was Axel vorhatte. Aber mit wem sollte ich sonst darüber reden?

Yagmur war entsetzt. »Und jetzt will Axel mit dir verschmelzen?«

»Ähh, ja. Aber ich gehe davon aus, dass wir trotzdem zwei eigenständige Festkörper bleiben.«

»Aber danach bist du keine Jungfrau mehr. Meine Mutter war Jungfrau bis zur Ehe.«
Es war nicht das erste Mal, dass sie mir davon erzählte. Leider half mir das in meiner Situation überhaupt nicht.
Das kapierte selbst Yagmur. »Aber du magst ihn doch. Und du hast gesagt, dass ... es in Deutschland üblich ist, das vor der Ehe hinter sich zu bringen.«
Das habe ich gesagt?
»Also nicht so. Du hast schmutzige Vokabeln benutzt. MTV-Vokabeln. Aber es freut mich zu sehen, dass du keine Schlampe bist.«
Das war wohl das höchste Kompliment, was Yagmur mir jemals gemacht hatte. Trotzdem würde ich wahrscheinlich nicht um ... das herumkommen.
»Aber stell dir vor, ich sage jetzt zu Axel, dass ich das lieber mit jemand anders machen würde. Dann wird er bestimmt wieder so depressiv, dass er sich am Ende noch einmal vor ein Auto ...«
Yagmur unterbrach mich. »Was für ein anderer?« Sie wirkte total überfordert. Schließlich sprachen wir hier von dem vor der Ehe, und das dann noch mit einem anderen.
»Wie kommst du denn jetzt darauf? Es gibt keinen anderen.« *Und schon wieder gelogen.*
Für mich sprach, dass ich es nach dieser Lüge schwer hatte, Yagmur in die Augen zu sehen. Sie glaubte mir auch nicht und überlegte fieberhaft, wer der andere sein könnte.

Also versuchte ich ihr aus dem Weg zu gehen. Zum Beispiel ins Wohnzimmer. Dort saßen Metin und Diana und hatten etwas höchst Geheimes zu besprechen. Wahrscheinlich fragte sie ihn um Rat, wie sie unseren Direktor rumkriegen könnte oder den Sportlehrer. Ihre Röcke wurden jedenfalls immer kürzer und noch enger. Da war ich überflüssig.

In der Küche machte Doris Brote für Nille. Seit seinem IQ-Ergebnis lag er teilnahmslos im Bett und jetzt schmierte Doris sich das schlechte Gewissen weg. Sie war froh, als ich mich anbot ihm den Teller nach oben zu bringen.

In Nilles Zimmer war es total dunkel. Ich spürte aber, dass er da war, auch wenn er keinen Ton sagte. Vorsichtig tastete ich mich zu seinem Bett. Der Fußboden lag voller zerknülltem Papier. Bestimmt die Bilder vom Mars und die Konstruktionspläne des Perpetuum mobile. Als ich den Erlenmeyerkolben aus dem Chemiebaukasten unter meinen Füßen knacken hörte, stand mein Entschluss fest. Ich setzte mich an sein Bett und holte tief Luft. Es fiel mir nicht leicht, die Lügen anderer Leute auszuplaudern. Aber in Nilles Fall hatte ich den Eindruck, dass er wegen dieser Lüge vielleicht überhaupt nicht mehr aufstehen würde.

»Nille, ich glaub, mit dem IQ-Test ist was schiefgelaufen. Mama hat ... sie hat das Ergebnis manipuliert.«

Er antwortete nicht. Aber ich konnte hören, wie er etwas schneller atmete.

»Sie hat bestimmt mal wieder nicht nachgedacht. Es war nur ihre Angst, dich zu verlieren.«

Ich spürte, wie Nils überlegte. Dann lachte er. Es war aber kein fröhliches Lachen. So viel ich auch redete: Nils glaubte mir nicht. Er glaubte Doris und das bedeutete, dass er dumm war.

Da war nichts zu machen. Ich würde mit Doris sprechen müssen. Dazu hatte ich echt keine Lust, also gab ich mir eine Nacht Aufschub.

Am nächsten Morgen bebte Cems Zimmer wieder vom 50-Cent-Rap. Ich guckte durch den Türspalt. Da war aber nicht Cem, sondern nur Axel – auch wenn er Cems Käppi trug, Cems Musik hörte und mit Cems Gewichten vor Cems Spiegel rumhampelte.

Ich klopfte. Als ich ins Zimmer trat, ließ Axel vor Schreck die Gewichte auf seinen Fuß fallen. Schmerzverzerrt hüpfte er herum, dann sprang er auf seine Matratze und griff nach einem Buch.

»Ich geh jetzt zur Schule.«

Eigentlich hatte ich vorgehabt ihm noch schnell einen Kuss zu geben, aber ich wollte keine erotischen Schlüsselreize auslösen. Also klopfte ich ihm bloß kurz auf die Schulter. Und sah auf den Titel seines Buches: Die Leiden des jungen Werther.

»Das wollten wir doch nicht mehr lesen, damit es uns nicht auf dumme Gedanken bringt.«

Axel nickte brav.

»Und wieso hast du Cems Käppi auf?«

Axel fasste sich ertappt an den Kopf. »Ich ... fühl mich

geborgener, wenn ich was auf meinem Kopf habe. Soll ich heute Nacht zu dir kommen?«

Oh, Mist. Ich bin die einzige Konstante in seinem Leben. Wenn ich jetzt auch nur eine Sekunde zögere, dann wirft ihn das um Jahre zurück. »Warum nicht heute Nachmittag, gleich wenn ich aus der Schule komme?«

Axel kicherte. »Du kannst es wohl gar nicht abwarten, was?«

Nee, aber dann habe ich es hinter mir.

Ich schluckte und ging verzweifelt aus dem Zimmer. Schon lange hatte ich mich nicht mehr so gefreut in die Schule zu kommen. Ich rannte fast aus dem Haus.

»Lena!«

Das war Yagmur. Atemlos kam sie hinter mir her. Ohne aufzusehen, bat ich sie: »Kannst du heute Nachmittag vielleicht NICHT nach Hause kommen? Ich brauch ... das Zimmer.«

Yagmur kapierte nichts. »Wozu? Willst du aufräumen?«

Warum verstand sie denn nicht? Es war mir unangenehm, darüber zu sprechen. »Axel und ich wollen ... Du weißt schon, Hausaufgaben machen.«

Auch jetzt kapierte Yagmur noch immer nichts. »Aber er geht doch momentan gar nicht zur Schule?«

»Er wird mir trotzdem helfen.«

Endlich. Yagmur hatte begriffen. Sie packte mich und starrte mir in die Augen. »Lena, bitte, sag mir, wie ich dich davon abhalten kann. Ich habe 170 Euro in meinem Sparstrumpf, die können dir gehören.«

Aber ich hatte mich entschieden. Axel brauchte diesen letzten Beweis, dass ich zu ihm hielt. Und vielleicht konnte ich ihn danach auch lieben.

Yagmur sah aus, als würde sie keine Luft mehr kriegen. Doch sie hatte wohl begriffen, dass sie mich nicht umstimmen konnte.

Wieder schüttelte sie den Kopf. »Ich werd Tante.«

Zum Glück waren wir fast an der Schule. Ich hoffte, dass Yagmur wenigstens im Unterricht mit ihrem Singsang von der Tante aufhören würde. Statt mich zu beruhigen, hatte sie mich mit ihren Einwänden noch nervöser gemacht. Und Fingernägel hatte ich bereits keine mehr. Also griff ich auf eine ganz alte Methode zurück: Ich durfte nur auf die roten Steine treten. Nur rot, rot. rot.

Fürs Erste half das.

In der Hofpause hätte ich mich gerne noch mal bei Yagmur ausgeheult, doch sie diskutierte die ganze Zeit mit Cem. Vor mir lag die letzte Stunde, meine Nervosität war auf dem Höhepunkt. Also versuchte ich mich wieder mit den roten Pflastersteinen abzulenken. Aber als ich Nille wie einen Irren in die Schule stürmen sah, trat ich prompt auf einen weißen Stein.

Mist. Heute hätte das eigentlich gereicht, um den Katalog mit Selbstmordarten zu wälzen. Doch Nille lenkte mich ab. Allein schon an seinem Gang konnte ich sehen, dass auch bei ihm irgendetwas überhaupt nicht in Ordnung war. Plante er etwa einen Amoklauf? Warum hatte ich gestern nicht gleich mit Doris geredet?

Ich rannte ihm hinterher. Nils ging schnurstracks zu seinem Spind und riss die Tür auf. Ein technisches Monstrum füllte das gesamte Fach aus: sein Perpetuum mobile! Nille war wie im Wahn. Er riss das Teil heraus und trampelte wie ein Verrückter darauf herum. So laut ich auch brüllte, er beachtete mich gar nicht. Jemand musste ihn beruhigen: Doris!

Ich wollte gerade mein Handy rausholen, da stand sie schon in der Tür. Sollte sie wirklich einen siebten Sinn haben?

»Das war ja auch höchste Zeit.«

»Nille, mein Engelchen, was ist denn los? Was schmeißt du denn da weg?«

Jetzt spielte sie uns auch noch Dodo, das Lämmchen, vor. Es war nicht zum Aushalten. Aber als Nille noch mal so richtig mit Schmackes auf sein technisches Wunderwerk trat, legte sich auch in Doris' Kopf ein Schalter um. Sie fand wieder zu einem normalen Ton zurück. Vorsichtig berührte sie Nils' Schultern und ging mit ihm in die Hocke.

Nils schien schon so lange auf diesen Moment gewartet zu haben, dass Doris ihm gar keine Frage mehr stellen musste – es brach sofort aus ihm heraus.

»Das Abi schaff ich nicht. Ich werd Müllmann. Und dann bin ich bestimmt der, der hinter dem Auto herläuft. Mein Leben ist ein schwarzes Loch. Und ich muss ständig auf Klo. Psychosomatische Diarrhoe.«

Mit diesen Worten verschwand Nils auf der Toilette und ich blieb mit Doris zurück. Wir glotzten beide auf die

Wand, an der ein Plakat hing. Das Maximilianeum am Vierwaldstätter See. Auf dem Foto war eine Gruppe Kinder abgebildet, die alle ziemlich glücklich aussahen. Einer schleppte so ein Monstrum rum, das aussah wie Nilles Perpetuum mobile. Unten klebte ein Zettel: *Heute letzte Bewerbungsrunde.*

Doris biss sich auf die Lippen. Abrupt drehte sie sich zu mir um. »Bitte hol Tante Didi. Ich brauch ihre Hilfe.«

Eigentlich hatte es Doris nicht verdient. Aber gut. Das galt ja nicht für Nille, also zog ich los. Ich wusste genau, wo ich Diana finden würde. In meiner Klasse. Da, wo auch ich seit 20 Minuten hätte sein müssen. Ich zögerte kurz, dann klopfte ich.

Ein Blick in die Klasse genügte, um zu sehen, dass nicht nur ich fehlte: Auch Cem war nicht da. War was passiert?

Diana kochte jedenfalls. Aber als sie hörte, dass Dodo sie brauchte, ließ sie die Klasse mit einer unlösbaren Aufgabe zurück und kam mit.

Die Geständnisse übernahm ich schon mal auf dem Weg, so dass Diana ihr entgeistertes Gesicht einigermaßen unter Kontrolle hatte, als wir bei Doris waren. Nille war immer noch nicht von der Toilette zurück.

Doris sah sofort, dass Diana alles wusste. »Ich hatte solche Angst, dass er so wird wie Vati.«

»Aber du kannst ihn doch nicht zwingen Künstler zu werden. Der entwickelt sich doch falsch, mit der Blockflöte.«

Doris starrte ins Leere. Dann sagte sie leise: »Ich hätte

mit 13 sonst was für eine Blockflöte gegeben. Aber nein, es musste eine Pauke sein.«

Da fing Diana an zu heulen. Doris guckte sie einigermaßen entgeistert an. »Warum heulst du denn jetzt?«

»Weil ich auch ein Kind will und eine Familie, um die ich mich sorgen kann. Außerdem wollte ich nie mehr vor dir heulen.« Sie drehte sich um.

Aber Doris hielt sie fest und wischte ihr zärtlich die Tränen weg. »Diana, du kannst immer vor mir weinen. Egal wie sehr wir uns anmeckern, wir lieben uns doch.«

»Das sagst du nur, weil du jetzt meine Hilfe brauchst.«

»Nein.«

Doch!

Also wenn die beiden jetzt anfingen Doris' Couch auf den Schulflur zu stellen, dann ... »Die Aufnahmeprüfung beginnt in einer halben Stunde.«

Das half.

Zuerst mal musste Nille vom Klo runterkommen. Ein bisschen Klopfen vom Flur aus half da nicht. Wir mussten schon reingehen, möglichst ohne sofort an akuter Luftvergiftung zu krepieren. Vor der Klotür wiederholte Doris dann, was ich Nille gestern schon erzählt hatte.

»Ihr sagt das alle nur, damit ich keine Komplexe kriege, so wie Mama wegen Opa, Lena wegen ihrem Busen und Tante Diana wegen ihrem Hintern.«

»Wie kommst du darauf, dass wir deswegen Komplexe

haben?«, fragten wir empört. Ich hatte uns noch nie so einig über etwas erlebt.
Doris entschloss sich als Erste darüber hinwegzugehen.
»Nille, ich flehe dich an. Mach diesen Test. Du bist intelligent.«
Nils, der die Kabinentür schon einen Spalt geöffnet hatte, schloss sie wieder. Es hatte keinen Zweck. Ich musste das übernehmen.
»Nille, ich versteh dich. Du bist am Boden. Du siehst keinen Ausweg mehr. Du fühlst dich dreckig, minderwertig. Du fragst dich, wieso du überhaupt geboren wurdest, wenn das dein Schicksal sein soll. Alles Licht ist verdunkelt und das Grün der Hoffnung ist einem tiefen Schwarz gewichen.«
Diana und Doris starrten mich wie vom Donner gerührt an. Keine Ahnung, ob sie wussten, dass ich eigentlich über mich sprach. Dass ich hier in diesem stickigen Jungsklo zu Nille endlich sagen konnte, was schon so lange in mir brodelte.
Nille jedenfalls öffnete seine Tür wieder ein Stückchen und sagte: »Das beschreibt meine Gefühle in etwa.«
»Rede du mit ihm.« Doris küsste mich traurig auf die Stirn und ging zusammen mit Diana raus. Wahrscheinlich hielten sie die Luft hier drin auch nicht mehr aus.
Es bedurfte doch noch einer ziemlichen Anstrengung, aber am Ende öffnete Nille die Tür ganz und spazierte an Doris und Diana vorbei Richtung Prüfungszimmer.
Mama hielt mich fest: »Was hast du ihm gesagt?«
»Ich habe 16 Jahre mit dir verbracht, da legt man sich

schon ein paar Argumente zurecht, um den Kopf wieder hochzukriegen!«

Doris sah mich so fertig an, dass ich ihr schließlich doch die Wahrheit sagte. »Ich hab ihm 170 Euro geboten. Er braucht Geld. Deine Regenwaldquadratmeter kann man einfach nicht als Taschengeld bezeichnen.«

Mama war so aufgeregt, dass sie mich gar nicht fragte, woher ich die 170 Euro hatte. Ich hatte sie ja auch gar nicht. Das heißt, ich hätte sie haben können, hätte ich sagen können, dass ich nicht mit Axel wollte. Aber das konnte ich nicht. Ich war nicht frei. Und ich werde es wohl auch nie mehr sein.

Bei Nille ist das Geld bestimmt besser angelegt als bei Yagmur.

»Viel Glück, Nille.«

Er nickte und hinter ihm schloss sich die Tür. Alle drei lehnten wir uns erschöpft an die Wand. Es war ganz still. Man konnte sogar die große Uhr ticken hören. Doris und Diana kämpften ihre Freudentränen nieder. Ich kämpfte auch. Nur nicht mit etwas, worüber ich mich freute. Jetzt, wo Nilles Zukunft fast gerettet war, dachte ich an das, was mir heute Nachmittag bevorstand.

Plötzlich hörten wir lautes Klirren. Da ging irgendwas kaputt hinter den Türen des Klassenzimmers.

Diana sprang panisch auf. »Oh my god. I have to return to my class.«

Oh mein Gott. Ich auch.

Aber in dem Moment klingelte es zur Pause.

So kann man also seine Schulstunden auch rumbringen.

Langsamer als eine Schnecke schlich ich mich nach Hause. Ich konnte noch nicht mal auf jemand wütend sein, denn ich hatte mir das mit Axel ja selber eingebrockt. Und trotzdem wünschte ich mir nichts sehnlicher, als dass etwas dazwischenkam. So was wie ein Wunder.

In dem Moment, als ich die Tür öffnete, passierte es. Jemand kam mir die Treppe hinunter kopfüber entgegengestürzt. Und nachdem er direkt vor mir auf dem Fußboden lag, knallte es. Das war definitiv ein Schuss.

Der Jemand war Axel. Und man hatte ihn erst handlungsunfähig gemacht und dann erschossen! Das also war mein Wunder. Es hatte Axel umgebracht! Seit heute hatte ich offensichtlich die Macht über das Schicksal.

Von oben brüllte Opa Hermi: »Frauen in Sicherheit, die Russen kommen.«

Wenn das mit den Wundern so weiterging, dann würde also ich gleich dran sein. Ich warf mich in die Ecke und spürte bereits den Schmerz der Schusswunde. Gelassen schloss ich die Augen und wartete darauf, zu sterben.

Jetzt kam Metin mit einem Kochlöffel in der Hand aus der Küche gerannt und schrie: »Kinder, Rollos runter und weg von den Fenstern!«

Auch Cem stürzte panisch die Treppen herunter. Als er Axel sah, fiel er vor ihn hin und brüllte wie ein weidwundes Tier: »Ich hab ihn umgebracht!«

Im ersten Augenblick war ich froh, dass er und nicht ich Axel umgebracht hatte.

CEM HAT AXEL UMGEBRACHT???!!!

»Was hast du getan?« So laut schreien, wie ich wollte, konnte ich gar nicht. Verzweiflung stieg in mir hoch.
Da. Ein leises Stöhnen von Axel. Er lebte!!!
Cem tastete ihn vorsichtig ab. »Axelchen? Sag, wo die Wunde ist. Und ich dachte, das Teil ist gar nicht geladen!«
Axel stöhnte nur leise.
»Axel, bist du getroffen?«
Axel bewegte sich! Er drehte sich ganz vorsichtig auf den Rücken. Und er antwortete. »Keine Ahnung.«
Cem nahm erleichtert die Waffe vom Fußboden und hob sie mit zwei Fingern hoch. In diesem Moment kam Metin mit zwei Bratpfannen wieder aus der Küche. Wie in Zeitlupe sah er von Axel zu der Waffe zu dem Einschussloch im Flurschrank. Und dann wieder zu der Waffe. Und zuletzt zu Cem.
»Hayvan, Esek! Ist das meine Dienstwaffe?«
Cem ließ das Teil sofort wieder fallen. Er war sichtlich in Bedrängnis. »Also das mit der Waffe. Die hab ich mir heute aus deiner Schublade besorgt. Das war wichtig. Leider isses ein bisschen kacke gelaufen und so. Aber das hatte einen guten Grund. Axel hat …«
In dem Moment stand Axel auf. Dafür, dass er eben fast tot war, sah er ziemlich lebendig aus. »Also, Cem hat mir die Waffe gegeben und gesagt, dass ich sie ruhig nehmen kann, wenn ich …«
»Wenn du was?«
»Was?«, brüllte auch Cem.

Einen winzigen Augenblick starrten ihn alle feindselig an. Dann hörten wir Axels Tatsachenbericht weiter.
»Und ich meinte noch so, Cem, bitte, gib mir die Waffe nicht. Ich bin nicht ich selbst, wenn ich traurig bin …«
Cem stand da wie ein Lamm und riss leise blökend den Mund auf. Ich betrachtete ihn wie ein Ufo. Er hatte einen IQ von nicht viel mehr als 60, er hörte 50 Cent, er war Türke, aber bis heute war Cem für mich Cem. Absolut einmalig, außen 50-centig und innen drin so weich wie Butter. Total süß und niedlich.
UND fast ein Mörder.
Cem war das verkommenste Subjekt unter der Sonne. Es war total krank, was er mit Axel gemacht hatte. Und jetzt versuchte er auch noch sich stotternd herauszureden!
Ich wollte das gar nicht hören und drehte mich um.
Da stellte sich Cem direkt vor mich. »Lena, hör zu. Ich hab mich die ganze Zeit voll zum Affen gemacht, ey. Und jetzt ist die letzte Chance, mir zu glauben. Wo ist das Diktiergerät?«
Er sah sich suchend um, aber da war kein Diktiergerät. Also gab er auf und drehte sich wieder zu mir. Ich sah ihm in die Augen und fühlte immer mehr Verachtung, aber auch Angst in mir hochsteigen. Ich hatte mich so in ihm geirrt. So sehr, so gründlich.
Plötzlich drängte sich Metin zwischen uns und scheuerte Cem eine.
Cem stand regungslos da und konnte nicht fassen, dass

sein Vater ihn geschlagen hatte. Aber auf seiner Wange glühte rot Metins Fingerabdruck. Genau in diesem Augenblick kam auch noch Yagmur rein und sah uns mit aufgerissenen Augen an. Als sie die Tür zuschlagen ließ, war der Bann gebrochen.

Cem drehte sich um und ging. Nicht ohne uns vorher zu sagen, wie scheiße er uns alle fand.

Auch Yagmur war empört. Aber über ihren Vater. »Nur Griechen schlagen ihre Kinder.«

Metin war von der Ohrfeige selber sichtlich schockiert. Er suchte Halt – an Doris. Aber Doris brauchte selbst Halt, wenn Nils jetzt wirklich die Koffer packen würde.

Vor mir stand Axel. Er schlenkerte verlegen mit seinen Armen.

»Als er mitgekriegt hat, dass wir miteinander schlafen wollen, ist er ausgetickt.«

Axel legte seine Schlenkerarme um mich. Wir hielten uns fest. Ich starrte dabei irgendwohin. Vielleicht war dieser Wahnsinn ja bald vorbei. Aber es hieß bestimmt nicht umsonst, dass man sich an seine erste Beziehung ein ganzes Leben lang erinnerte.

Aus welchen Gründen auch immer.

In den nächsten Tagen überschlugen sich die Ereignisse.
Als ob das in Anbetracht des eben Geschehenen überhaupt noch möglich erschienen wäre.
Aber irgendwann ist die Wahrheit einfach mächtiger als das stärkste Lügengespinst. Bei uns gab es jede Menge Lügen und daraus wurden jetzt ziemlich viele Wahrheiten. Und jede verschwiegene Wahrheit war etwas Dunkles, dessen negative Auswirkungen sich in unserem gesamten Ökosystem Familie aufzeigen ließen, wie Doris es in ihrem abschließenden Familienvortrag ausdrückte.

Kapitel 4
Das, in dem alles ans Licht kommt

Zuerst bestätigte Nille, wie nicht anders erwartet, bei der Aufnahmeprüfung seinen IQ von 154 und die Bilder vom Mars kamen wieder an die Wand. Das Perpetuum mobile war allerdings nicht mehr zu reparieren. Aber ich persönlich hätte es sowieso noch zu früh für Nille gefunden, mit allen Gesetzen der Physik zu brechen.
Als Wiedergutmachung wurde ihm die zeitnahe Beschaffung eines Teleskops versprochen. Und schweren

Herzens kaufte Doris auch einen großen Koffer für die Schweiz.

Dann kam der Abschied. Doris weinte. Mit Nille ging schließlich der einzige Mann, der sie noch auf Mitte 20 schätzte.

Nille drückte mich ganz fest, so wie ich ihn.

»Tschüss, du nervige Kuh.«

»Tschüss, du Idiot, der keiner ist.«

So verlor ich meinen kleinen Bruder.

Die nächste Lüge hätte mir fast meinen großen Bruder genommen. Dabei fing alles ganz undramatisch an. Also verglichen mit der Waffe und dem Schuss.

Cem stürzte in einen Gully.

Und das kam so: Als Metin hinter Cem herrannte, um ihm entweder noch eine zu scheuern oder sich für die erste Ohrfeige zu entschuldigen (genau kann man das nicht mehr feststellen), übersah Cem einen offenen Gully samt Absperrung und machte sich auf die Reise in die Kanalisation. Sein Körper blieb nicht lange dort. (Soll noch mal jemand etwas Abfälliges über die Berliner Stadtreinigung sagen!) Aber Cems Geist schien immer noch durch die Katakomben von Berlin zu rasen. Er hatte das Bewusstsein verloren.

Ein kleiner untersetzter griechischer Arzt gab Cem eine Spritze und bestätigte den aufgewühlten Angehörigen eine gewisse Zähigkeit ausländischer Kinder. Und tatsächlich. Cem atmete. Aber er öffnete seine Augen nicht, als wollte er so lange warten, bis die nächste Lüge ohne sein Zutun ans Licht kam.

Und das tat sie. Ich selbst entdeckte sie, wenn auch meine Rolle dabei nicht besonders rühmlich ist.

Ich fand in Axels Klamotten ein Diktiergerät. Vielleicht hätte ich es noch vor ein paar Tagen nie angerührt, aber jetzt erschien mir geradezu wie Cems Vermächtnis, zu hören, was es darauf zu hören gab.

»*Ich hab nie versucht mich umzubringen. Das war nur ein Trick, um Lena zurückzukriegen.*«

Axels Stimme klang panisch, als er das sagte, aber ohne nur eine Sekunde zu zweifeln, wusste ich, dass er, auch wenn er sonst scheinbar immer log, jetzt die Wahrheit sagte.

Alles, was in den letzten Wochen passiert war, wollte nun noch einmal ganz neu betrachtet werden. Es fing mit Axels Nahtoderfahrung an, die sich als schäbiger Fahrradunfall entpuppte. Diese vorgetäuschte Erfahrung hatte einiges nach sich gezogen: meine Entscheidung für Axel, das bescheuerte Ausdruckstöpfern, Axels Einzug bei uns, die verlogenen Geschenke und zuletzt den Schuss. Cem hatte Metin die Dienstwaffe geklaut, um damit Axels Geständnis zu erpressen. Alles, weil er mich liebte. Aber statt heißem Dank gab es eine Ohrfeige und einen Platz im Gully. Und jetzt lag er im Koma.

Wenigstens musste Axel nun auch seinen Koffer packen. Übrigens am gleichen Tag wie Nille. Und dem gehörte unsere gesamte Aufmerksamkeit.

Nur ich winkte Axel. Trotz allem. Weil er mal mein Freund war, weil er so traurig aussah und weil ich eine Macke habe.

Cem lag immer noch im Koma. Ihn zierten eine Halskrause und ein Kopfverband. Der griechische Arzt sagte, dass er nur eine Gehirnerschütterung habe. Bald sei er wieder so wie zuvor.

Süß. Niedlich. Prollig.

Fragte sich nur, wann.

Ich dachte beglückt an die Zukunft. Nachdem jetzt endlich die absolute Wahrheit ans strahlende Licht gekommen war, würde schon bald das absolute Happy End mit dem absolut Richtigen folgen. Cem musste nur wieder aufwachen, dann hieß es Platz zwei für Romeo und Julia in der Top Ten der größten Liebespaare aller Zeiten.

Und so lange pflegte ich Cem. Das heißt, wir pflegten ihn. Denn mit meiner überbordenden Liebe war ich leider nicht allein. Da war außerdem noch Yagmur. Sie maniküre ihm die Finger. Und Costa. Er spielte mit seiner Playstation. Und Doris. Sie brachte frische Blumen. Und Metin. Der nervte. Denn er fragte dauernd, ob unser! Cem wieder wach sei.

Das machten die Schuldgefühle. Da kannte ich mich aus.

Wir waren eben alle voll auf Sorry-Kurs.

Ich las ihm vor. Aus der Bibliothek hatte ich alle Bücher über Verschwörungstheorien ausgeliehen. Denn Cem liebte Verschwörungstheorien. Den ›Da Vinci Code‹ hat er dreimal gelesen. Yagmur behauptete, weil er ihn nicht verstanden hat. Aber es gibt so viele Arten des Verstehens. Was verstand sie schon davon.

Ich hatte Cem auch nicht verstanden, als er mir die

ganze Zeit zu verstehen gab, dass Axel log. Wann immer ich daran dachte, wurde mir das Herz schwer. Ich schaute ihn entschuldigend an und war sofort in Versuchung, ihn zu küssen. Auf seiner Wange lag eine Wimper. Das hieß, dass ich mir was wünschen durfte. Also wünschte ich mir, dass Cem wieder aufwachte und wir endlich glücklich wurden.

Lena, das klingt nach Rosamunde Pilcher!

Na und? Auch mit Rosamunde musste ich wohl auf Sorry-Kurs gehen und mich bei ihr für meine fiesen Leserbriefe entschuldigen. Denn erst jetzt wusste ich, wie es sich anfühlte, wirklich verliebt zu sein. Und wie würde es sich erst anfühlen, wenn Cem wieder wach war!

Als es endlich so weit war, fühlte es sich ziemlich mies an. Cem ließ nämlich niemand mehr in sein Zimmer. Er rechnete ab.

Dabei kann er doch gar nicht rechnen!

Jedenfalls wollte er keinen von uns sehen. Er war sauer, dass wir Axel geglaubt hatten und nicht ihm. Darum postierte er Costa vor seiner Tür.

Der Weg zum absoluten Glück war also ziemlich steinig. Wir standen an und baten Prinz Cemil Öztürk I. um Audienz. Jeder wollte was mit ihm besprechen. Und manch einer bekam eine Chance. Aber Metin und mich ließ Costa nicht in Cems Zimmer.

Ich wohne ja schon eine ganze Weile mit dem türkischen Kriminalkommissar in einem Haus, aber noch nie hatte ich mich ihm so nahe gefühlt. Und Kommissar Metin gab nicht auf.

»Ist ... also ist da ein Termin absehbar, wann er uns verzeiht?«

Costa verschwand hinter der Tür. Nach zwei Sekunden kam er wieder raus. »Z... zw... zwei, drei Ta... Tage.«

Oh Gott, zwei, drei Tage noch. Ich weiß nicht, wie ich die überstehen soll!

»Und was dich betrifft, Le... Lena, nie... niemals.«

Metin war so freundlich und ließ mich allein. Er hatte ja auch, was er wollte.

Ich rannte in mein Zimmer und warf mich aufs Bett. Das war bestimmt der schwärzeste Moment in meinem Leben. Aber man sagt ja, dass die Hoffnung zuletzt stirbt. Ich kann das bestätigen.

Nachdem die Audienz für Yagmur und Doris beendet war, kratzte ich nämlich wieder an Cems Tür. Costa öffnete sie einen Spalt und meldete mich noch mal bei Cem an.

Aber Cem blieb hart.

Costa versuchte mir stotternd etwas zu erklären, aber weil er damit ewig nicht in die Gänge kam, erklang im Hintergrund Cems krächzende Stimme: »Hau ab!«

Auf meinem Bett war noch deutlich der Abdruck zu sehen, den mein letzter Heulanfall hinterlassen hatte. Jetzt vertiefte ich diesen Abdruck.

Irgendwann hörte ich leise Musik, klingelnde Glöckchen und roch etwas Unbeschreibliches. Das waren bestimmt die Vorboten einer Trauerfeier. Denn vorhin war die Hoffnung verstorben. Mag meine Familie auch noch so verkorkst sein, sie schien zu wissen, was in mir vorging. Also zog ich mir schwarze Klamotten an und ging nach unten.

Es gab Kerzen, Blumen, Duftstäbchen und einen festlich gedeckten Tisch. Die leise dudelnde türkische Musik passte genau zu meinem Katzenjammer. Und da waren jede Menge aufgestellte Fotografien.

Die Hoffnung hat also ein Gesicht.

So allerdings hatte ich mir ihre Verkörperung nicht vorgestellt.

»Das ist Melek, Yagmurs und Cems Mutter«, informierte mich Doris.

Was hat die denn damit zu tun?

»Sie hätte heute Geburtstag.« Yagmur setzte mir einen Partyhut auf und steckte mir eine Tröte in den Mund.

Ich war hier definitiv falsch, aber es gab kein Entkommen mehr. Schon gar nicht, als Yagmur den Geist ihrer Mutter anzurufen beschloss. Doch das ging selbst Metin zu weit.

Yagmur reagierte zutiefst beleidigt. »Es war doch deine Idee, ihren Geburtstag zu feiern.« Sie sah uns an. »Er hat ihr extra einen Kuchen gebacken.«

Dieser Satz galt insbesondere meiner Mutter, die sich bereits mehrere zornige Blicke eingefangen hatte, weil sie während der Gedenkfeier profane Dinge tat. Und er wirkte. Jetzt guckte Doris beleidigt, denn Metin hatte ihr noch nie einen Kuchen gebacken.

Der friedliche Teil der Gedenkfeier für Melek war damit abgeschlossen.

Yagmur holte zum Rundumschlag aus. »Du bist ja bloß eifersüchtig, weil er meine Mutter noch liebt. Ich gönne dir ja die späte Anerkennung durch einen richtigen Mann. Aber Mama bleibt für ihn nach wie vor die Nummer eins.«

Metin schien unterm Tisch verschwinden zu wollen und donnerte nur laut Yagmurs Namen. Doris verschlug es einen Moment die Sprache und selbst ich war überrascht.

Dann stand Doris auf. Sie sah ziemlich fertig aus. Bevor sie das Zimmer verließ, drückte sie mir einen Teller für Cem in die Hand. »Nur für den Fall, dass seine Mutter nicht daran denkt. Sie scheint ja noch recht lebendig zu sein.«

Ich schrieb mir auf meinen inneren Zettel, dass ich Doris irgendwann trösten musste. Aber jetzt, nach dieser falschen Gedenkfeier, war meine Hoffnung zum Wiedergänger geworden.

Ich hatte einen Teller. Einen Teller für Cem, auf den ich jede Menge Essbares packte, als Eintrittskarte in sein Zimmer. (Und anschließend in sein Herz.)

Und tatsächlich ging es schon in ganz kleinen Schritten vorwärts. Costa öffnete die Tür nicht nur einen Spalt, sondern kam sogar raus. Er hatte einen Zettel für mich. Einen Brief. Von Cem.

Umständlich holte er seine Brille raus.

Costa hat eine Brille?

»Mani…fest für L… L… Le…«

»Für Lena.«

»Wo...her weißt d... d... du das?«

Ich konnte einfach nicht warten, bis er sich ausgestottert hatte, und riss ihm den Zettel aus der Hand.

»Durch meinen Unfall ist mir vieles clear geworden. Du hast mich ungefähr vierzig Mal verarscht. Aber du weißt auch, dass du mich verrückt machst, dass du mein Burner bist. Und auch wenn du jetzt an meiner Tür kratzt, weis (mit einem s) *ich noch immer nicht, ob du die Abbiegung nach Love City nehmen willst. Ich brauche Zeit, um mein Brain zu würgen und zu sehen, was Sache ist. Mit einem kläglichen Sorry ist die Sache jedenfalls nicht genagelt.«*

Er hatte mit *Cem the Man* unterschrieben.

In Sachen Ausdruckskraft konnte ich noch einiges von Cem lernen: clear, Burner. Das Beste war die Abbiegung nach Love City. Aber ich war ja nicht wegen seines guten Schreibstils in Cem verliebt.

Immer wieder las ich mir den Brief durch. Was wollte er mir eigentlich damit sagen? Der zentrale Satz war der letzte. Ihm reichte meine Entschuldigung nicht aus. Er wollte ... einen Liebesbeweis. Aber was für einen?

Ich muss nachdenken, also brauch ich Kalorien. Viele Kalorien.

Das Nutella war alle. Zum Glück hatte sich in der tiefsten Ecke des Tiefkühlfaches noch eine Packung Eis versteckt. Was bei uns echt schon einem Wunder gleichkam.

Was konnte ich tun, damit Cem wieder Viertklässlerfummeln mit mir machte? Selbst Eisessen war ohne ihn nur ein trauriges Kalorien-Zu-sich-Nehmen. Wie schön wäre es, wenn er mich jetzt füttern würde. Mir Löffel für Löffel in den Mund schieben. Und den Löffel stellte ich mir dabei als eine Verlängerung seines Mundes vor.

Ich schloss die Augen und fühlte das Eis aus seinem Mund. Überall. Auf meinen Lippen, an meinem Hals und auf meinem Dekolleté.

»Das ist jetzt aber wirklich ein bisschen abartig, Gurke.«

Oh Mist. Doris.

Schnell riss ich die Augen auf. Da stand sie in ihrer rosa Jogginghose und starrte mich an. Die Yoga-Matte war ihr vor Schreck aus der Hand geglitten.

Ich sah an mir herunter. Überall an mir klebte Eis. Im Gesicht, auf dem Hals und auf meinem T-Shirt.

»Doris. Mama. Mutti … Ja.«

Jetzt erwachte Doris aus ihrer Erstarrung. Sie holte ein Küchenhandtuch und rubbelte mich grob ab. »Du hast dich ja total eingesaut. Bist du etwa betrunken?«

Unter Umständen kam bei einem Schwips und bei Verliebtheit also das Gleiche raus.

Ich schüttelte hastig den Kopf und überlegte, was ich ihr erzählen sollte. »Ich wollte wissen, ob ich allergisch auf Erdbeeren reagiere. Und ich habe gelesen, dass man das rauskriegt, wenn man sich die Stoffe auf die Haut schmiert.«

Doris ließ sich gerne überreden mir dieses Experiment zu glauben. Denn jede andere Interpretation hätte ihr wahrscheinlich einen ziemlichen Schreck eingejagt.

»Dann schmeiß das Eis weg. Ein Kind im Koma reicht mir.«

Als sie mich vollständig abgerubbelt und das Eis in die Mülltonne befördert hatte, guckte sie auf die Uhr und stellte fest, dass ihr Yogakurs gleich anfing. Sie winkte mir noch kurz zu und verschwand.

Ich blieb auf meinem Stuhl sitzen. Zum Aufstehen hatte ich gar keine Kraft. Aber plötzlich hatte ich eine Eingebung.

Genau das war es. Cem war mein Geheimnis. Ich verleugnete ihn. Immer und immer wieder. Und Cem wusste das. Er dachte doch bestimmt, ich schämte mich für ihn. Jetzt wusste ich, was der größte Liebesbeweis war: Ich musste mich zu ihm bekennen. Ich musste allen die Wahrheit sagen. Ab jetzt sollen alle wissen, dass ich in ihn verliebt bin!

Ich kramte die Eispackung, die Doris in den Müll geworfen hatte, wieder heraus. Ich brauchte Kraft, bevor ich nachher ins Wohnzimmer ging. Langsam und ganz bewusst löffelte ich so lange Eis, bis die Jumbo-Packung leer und Doris vom Yoga wieder zurück war. Dann stieß ich so geräuschvoll wie möglich die Küchentür auf und sah in lauter fragende Gesichter.

»Ich muss euch was sagen ...«

Aber etwas ließ mich mein »Ich bin in Cem verliebt« verschlucken. Vielleicht war es eine Vorahnung des Szenarios, das sich nach meinem Geständnis hier abspielen würde.

Doris würde Cem bestimmt viel zu dumm für mich

finden. Yagmur würde laut Inzest schreien und Opa Hermi einen Wutanfall kriegen wegen der drohenden schwarzhaarigen Enkelkinder. Und dann wäre Metin wütend, denn natürlich findet er Cem nicht dumm und Schwarzhaarige ganz normal.

Die daraus entstehende Prügelei würde mich wohl nicht ganz kaltlassen. Denn Metin würde sich für Cem so ins Zeug legen, dass Opa um sein Leben fürchten müsste. Wenn Doris dann versuchte Metin zu bändigen, würde ihr Opas Krücke zum Dank aus Versehen einen Totalausfall bescheren. Und wenn Doris dann ohnmächtig zu meinen Füßen läge, würde ich mich auf Metin stürzen und ihn rachedurstig in den Arm beißen. Sobald sich meine Zähne durch Metins Pullover gebohrt hätten, würde sich Yagmur mit einem erneuten Schrei – diesmal für ihren Vater – in den Kampf werfen. Dass ich Yagmur in letzter Zeit echt ins Herz geschlossen habe, würde ich auf dem Boden liegend schnell vergessen. Es ginge schließlich um mein Überleben! Wahrscheinlich wäre der Sieg auf meiner Seite, denn Yagmur hat viel weniger Kampferfahrung als ich. Doch der Höhepunkt dieser innerfamiliären Auseinandersetzung wäre Opas Herzinfarkt, der ihn mit der Stehlampe im Arm ereilen würde.

Das offene Geständnis vor der versammelten Familie war also doch nicht der richtige Weg. Ich sollte die Sache etwas überlegter angehen.

Immer noch starrten mich alle an, als würde ich gleich den Dritten Weltkrieg verkünden.

»Äh, Nils hat aus der Schweiz geschrieben.«
Eine Art Erschlaffung ging durch die Runde. Ein Brief von Nils schien sie enorm zu erleichtern. Sie guckten zwar immer noch wie Kühe auf der Weide, aber aus ihren Gesichtern war jede Anspannung gewichen.
Ich nickte allen freundlich zu und ging nach oben.
Das Beste war wohl ihnen Briefe zu schreiben. Jedem einen. Das würde Cem beeindrucken. Mit dem schwersten wollte ich beginnen. Aber welcher war das? Der an Doris oder an Metin oder an Yagmur? Nein, der schwerste Brief war der an Opa, denn man konnte nie wissen, ob der nicht vielleicht doch ein Gewehr auf dem Dachboden versteckte.
Es dauerte ziemlich lange, ehe ich mein Argumentationsgerüst für Opa aufgestellt hatte – also warum erstens auch schwarzhaarige Enkelkinder ganz niedlich sein können, und dass die zweitens gar nicht auf der Tagesordnung stehen, weil wir ja noch überhaupt nicht ... Mist, ich verrannte mich schon wieder in gefährliche Gefilde. *Jedenfalls, Opa, ich liebe, und als du in Oma verliebt warst, hat bestimmt auch keiner was dagegen gehabt, und wenn doch, dann hast du sie ja trotzdem genommen.*
So oder so ähnlich ging das dann weiter. Selbst Nille wollte ich in die Schweiz schreiben. Blieb nur noch der Brief an Cem selbst.
Du bist der niedlichste Junge der Welt. Der dümmste, aber trotzdem der einzige, der mich versteht. Und was du unbedingt wissen solltest ...
Als ich gerade überlegte, was genau das war, flog mit

einem lauten Knall meine Tür auf. Keine Ahnung, wie Cem es geschafft hatte, aufzustehen, aber er hatte. Mit seiner eierschalfarbenen Halskrause stand er vor mir und starrte mich an. Selbst damit sah er so süß aus, dass ich ihm am liebsten um den Hals gefallen wäre. Aber etwas in seinem Blick sagte mir, dass das keine so gute Idee war. Etwas Verächtliches, Abschließendes, etwas Unüberwindbares.

Endlich brach Cem das Schweigen. »Ich habe lange nachgedacht und so.«

»Ich auch!«

Konnte er hören, wie glücklich es mich machte, dass das Nachdenken nun endlich vorbei war? Ganz vorsichtig berührte ich seinen Arm, aber er zog ihn weg.

»Es war ziemlich … gestört in der letzten Zeit.«

»Ich auch. Ich meine, das finde ich auch.«

Cem lief vor Wut rot an. »Kannst du vielleicht einmal kurz aufhören mir dazwischenzuquatschen?«

»Ja. Natürlich. Kann ich. Ich meine …«

Noch ein Wort und Cem würde doch noch einen Mord begehen. Also verschloss ich meinen Mund mit einer Reißverschluss-Geste.

»Mir ist einiges klar geworden.«

Mir auch! Ich liebe dich!

»Guck mich an!«

Ich tu die ganze Zeit nichts anderes.

»Du hast mich fertiggemacht. Und jetzt hab ich die Schnauze voll von dir. Ich lass mich nicht mehr verarschen.«

Okay. Das ist der Punkt, an dem wir nicht mehr übereinstimmen.

»Ab jetzt bin ich wieder der Alte. Und es ist vorbei. Echt vorbei.« Cem drehte sich um.

Noch war mir nicht klar, dass meine letzte Chance längst verstrichen war. Noch glaubte ich, ihn nur festhalten zu müssen, um alles aufzuklären. »Aber du hast gesagt, ich soll endlich aufwachen, ich soll dir glauben, und jetzt …«

Cem unterbrach mich. »Ich hab dir auch gesagt, dass es deine letzte Chance ist. Und du hast sie nicht genutzt. Ich bin Türke. Und Türken kämpfen nur einmal. Du hattest deine Chance. Jetzt ist es vorbei.«

»Cem, das ist doch nicht dein Ernst?«

Er stand vor mir und in seinem Gesicht war alles lesbar. Alles.

Wenn das hier vorbei war, würde ich nicht mehr darüber nachdenken müssen, ob ich vielleicht doch noch was ändern könnte. Ich sah genau, was in ihm vorging. Wenn er jetzt nachgäbe, dann wäre er kein Mann mehr, wäre nicht mehr cool, keiner, vor dem man Respekt haben müsste. Jetzt entschied er über seine Zukunft. Darüber, wer er war. Dafür warf er alle Gefühle weg und wurde zum ›Heart of Darkness‹.

»Es ist vorbei. Findito.« Cem drehte sich um und ließ mich stehen.

»Es heißt Finito«, flüsterte ich ihm hinterher.

Und das hieß es auch. Ohne jeden Zweifel.

In dieser Nacht hatte Yagmur solche Bauchschmerzen, dass ich keine Ruhe fand, um meinen eigenen Schmerzen nachzuhängen. Bis in die frühen Morgenstunden hörte sie nicht auf zu jammern.
»Ich hab's geahnt«, sagte sie schließlich, als sie von der Toilette zurückkam, und schlief mit einem entsetzten Ausdruck im Gesicht ein.
Jetzt war ich endgültig wach, setzte mich auf und überlegte, was sie geahnt hatte. Das mit Cem und mir?
Meine offiziellen Liebesbekenntnisse hatte ich jedenfalls noch nicht abgeschickt. Das hatte Cem verhindert, indem er das Ganze für beendet erklärte. In einer Art und Weise, die keinen Zweifel daran ließ, dass er es absolut ernst meinte.
So wie ich. In meinem Briefen.
Die Briefe lagen unter meinem Bett. Ich zog sie hervor. Die hatte ich alle geschrieben! Mit Herzblut! Und für jedes einzelne Familienmitglied hatte ich genau die richtigen Worte gefunden.
Zum Beispiel für Doris: *Liebe Mama. Du bist ja nicht in allen Bereichen mein großes Vorbild. Aber das ist wahrscheinlich bei Müttern und Töchtern normal. Aber in einer Sache hat Dein Einfluss schließlich doch Wirkung auf mich gezeigt: Du liebst einen Türken. Und ich jetzt auch. Ich liebe Cem.*
Ich überlegte, ob es gut war, so ehrlich zu Doris zu sein.

Vielleicht wäre es wirkungsvoller, ihr zu sagen, dass sie immer mein großes Vorbild war. Immer. Und genau deshalb ...

Dann fiel mir wieder ein, dass ich die Briefe ja nie abschicken würde. Denn der Proll hatte mich abgeschossen! Von wegen, ein Türke kann Gefühle haben. Doris musste Metin sofort verlassen! Und ich musste die Briefe vernichten.

Nachdem ich vier zerrissen hatte (nicht ohne sie dabei doch noch einmal zärtlich anzuschauen), fiel mir auf, dass der Brief an Metin fehlte. Ich versuchte mich krampfhaft zu erinnern, was ich ihm geschrieben hatte.

Es war so was wie: *Metin. Ich bin unsterblich in Cem verliebt. Er ist so anders, wenn er mit mir zusammen ist. Und auch ich bin anders, wenn er da ist. Wir sind zwei, die erst gemeinsam perfekt sind. So wie Blätterteig und Schafskäse. Gemeinsam sind wir eine perfekte Blätterteigtasche.*

Wenn jemand diesen Brief geklaut hatte, dann war ich erstens diejenige, die in ihren Bruder verknallt ist, und zweitens die, die ihn dann noch nicht mal gekriegt hat. Und drittens war dann mein neuer Name Blätterteig. Ich wüsste gar nicht, was peinlicher wäre.

Also suchte ich überall danach. Zuerst in Yagmurs Bett. Denn ganz offensichtlich bedeutete ihr »Ich hab's geahnt«, dass sie meinen Brief gelesen hatte. Aber sosehr ich mich auch anstrengte, ich fand ihn nicht.

Stattdessen entdeckte ich etwas anderes: einen Ring. Sah aus wie ein Ehering, dem man den Preis anmerken sollte. Golden mit glitzerndem Stein. Kitschig. Türkisch eben. Ob das der Ring ihrer Mutter war? Und was machte sie damit im Bett?

Okay. Ich würde das schon rausfinden. Aber erst, wenn ich den Brief wiederhatte.

Im Wohnzimmer stand Metin. Und: Er hatte einen Zettel in der Hand. Als er mich sah, stopfte er ihn schnell in seine Hosentasche. Das war mein Brief!

»Die … Sache da auf dem Zettel, die kannst du abhaken. Ist völlig idiotisch. Ohne Bedeutung.«

Metin war völlig schockiert. »Woher weißt du davon?«

Die Frage ist eher, was ich machen muss, damit ich den Brief wiederkriege. »Was willst du?«

»Ich will, dass ihr versteht, was wahre Liebe ist!«

»Aber das ist keine wahre Liebe. Das war ein völlig bedeutungsloser Flirt. Ohne Zukunft. In jedem Fall ohne Zukunft.«

Metin sah völlig fertig aus. Und ich war es auch. So hatte ich noch nie in meinem Leben gelogen.

»Es ist die größte Liebe, die ich je gespürt habe!«

Und jetzt spricht dieser Mann auch noch meine Gefühle aus. Wir sind eins. Gedanklich. Nur gedanklich, versteht sich.

Aber das Gefühl der größten Liebe überwältigte mich nun wieder so, dass ich auf Metin zuging und ihn umarmte. Vorsichtig und bestimmt ein wenig hölzern. Aber ich umarmte ihn.

Nach der Umarmung zog ich ihm den Zettel aus der Hosentasche und zerriss ihn. In tausend kleine Stücke. Metin schossen Tränen in die Augen.

»Dass Yagmur dagegen ist, okay, aber was hast *du* gegen eine Hochzeit?«

Heiraten? Ich bin doch nicht Britney Spears.

»Das wäre mir jetzt noch echt zu früh.«

Metin plusterte sich richtig auf. »Zu früh? Ich kenne Doris zwei Jahre!«

»Doris? Wechsel nicht das Thema. Es tut nämlich gut, mit jemandem darüber … Du redest von dir und Doris?«

»Von was sollte ich sonst reden?«

Richtig. Warum sollte in dieser Familie mal jemand über meine Probleme reden.

»Vergiss es. Männer und Frauen passen einfach nicht zusammen. Ich jedenfalls will kein Scheidungskind werden. Äh, ich bin ja schon eins. Also, erspar mir ein weiteres Trauma.«

Ich ging. Und war bestimmt genauso verzweifelt wie Metin.

Cems Tür stand einen Spalt offen. Vorsichtig spähte ich in sein Zimmer. Er saß auf dem Bett und las. Meinen Brief.

Ich lehnte mich an die Wand. Mein Herz klopfte wie verrückt. Wenn Cem den Brief hatte, dann würde er sich, nachdem er ihn gelesen hatte, auf seine Gefühle für mich besinnen. Ich brauchte ihm nur noch zwei Sekunden geben, dann würde unser Feuer der Leidenschaft wieder hell aufflammen. Das klang kitschig. Aber es war das, was ich fühlte.

Kapitel 5
Das, in dem ich Kitschi-Gänsehaut kriege

Als ich mich wieder etwas unter Kontrolle hatte, sah ich erneut durch den Türspalt. Tatsächlich. Ich hatte Recht gehabt. Das Feuer brannte. Nur nicht das der Leidenschaft. Cem hatte sein Feuerzeug in der Hand und mit einem Klicken stand mein Brief in Flammen. Er loderte. Und ich brach in Tränen aus. Cem durfte das auf keinen Fall sehen. Auf keinen Fall.
Ich rannte zum Bad.
Doch da war ich auch nicht allein. Auf der Toilette saß Costa. Er hatte eine Brille auf. Und er las. Aber nicht den Playboy, sondern in Doris' augenblicklichem Lieblingsbuch von Natalie Angier: Frau. Eine intime Geographie des weiblichen Körpers.
Aha.
Aha?
Egal was Costa da machte und was er von mir dachte, ich musste ihn fragen, warum Cem so gemein zu mir war.
Aber Costa gab keine Antwort. War er auch von dem Fies-Virus infiziert?
Ich fixierte ihn und kapierte erst, als ich seinen erschrockenen Blick realisierte und die ›intime Geographie des weiblichen Körpers‹, die er sich krampfhaft vor den Schritt hielt, dass er einigermaßen schockiert über mein plötzliches Hereinplatzen war. Dabei hing Costa doch schon ewig bei uns auf der Toilette rum. Aber – und das

fiel mir auch erst jetzt auf – er pinkelte im Sitzen. Das war so süß von ihm.

»Warum kann Cem nicht auch im Sitzen pinkeln?«

Ich wollte einfach nur heulen. Und nie mehr aufhören. Es war wohl besser, wenn ich ging. Gleich. Denn Costa sah auch schon ohne diesen emotionalen Ausbruch von mir ziemlich verzweifelt aus. Aber ich hatte das leise Gefühl, dass er mich verstand. Dass in seinem Blick etwas Mitfühlendes war. Auch wenn er es nicht sagen konnte. Und das tröstete mich. Ein wenig jedenfalls. Es sprach immerhin für Costa. Und am Ende sogar ein bisschen für Cem.

Aber beim Abendessen saß mir der Party-baggern-saufen-Cem gegenüber, der sich bestimmt gleich wie Hulk das T-Shirt vom Körper riss, um besonders cool zu wirken. Trotzdem versuchte ich Blickkontakt aufzunehmen. Aber er sah einfach durch mich hindurch.

Ich muss daraufhin so verzweifelt geschaut haben, dass es sogar Doris auffiel und sie mich fragte, ob ich geweint hatte.

»Quatsch. Weswegen denn?«

Zum Glück hakte Doris nicht weiter nach. Ihre Aufmerksamkeit wurde von den Bechern, die Yagmur auf den Tisch stellte, in Anspruch genommen.

»Warum muss ich 15-Euro-Wein aus Ikea-Plastikbechern trinken?«

Yagmur antwortete nicht.

»Und wo ist mein Glas mit der Wolfsschnauze?« Das war Opa Hermi.

Als Yagmur immer noch nichts sagte, knallte Opa so heftig mit seinem Stock auf den Boden, dass wir alle zusammenfuhren.

Doris warf ihm einen giftigen Blick zu, dann wandte sie sich wieder an Yagmur. »Die Gläser kommen jedenfalls runter. Du kannst ja deine Mutter mit den Plastikbechern kontaktieren.«

»Mit den Dingern kriegt sie kein Netz.«

Wovon sprach Cem da? Was für ein Netz? Seine Schwester schien er jedenfalls zu verstehen. Nur mich nicht.

Yagmur wurde wegen der Plastikbecher richtig sauer.

»Machst du dich lustig? Nur weil wir übergangsweise zusammenwohnen, wirst du … Jedenfalls werden sie und ich, wir werden niemals zulassen, dass du und Metin …«

In diesem Augenblick schlug Metin mit der Hand auf den Tisch.

Alle sahen ihn erstaunt an. Er probierte wohl aus, wie es war, der Mann im Haus zu sein. Es klappte aber nicht besonders gut, denn er guckte gleich wieder wie ein Hund, der aus Versehen zu laut gebellt hat.

Auch wenn meine geistigen Leistungen zurzeit nicht so ganz funktionieren, wurde mir in diesem Moment etwas klar: Metin wollte Doris heiraten. Und ein paar Anwesende schienen das bereits zu wissen. Nur eben Doris nicht.

Und der Ring in Yagmurs Bett, das war wohl der Ehering für Doris. Aber wie kam der in unser Zimmer? Und außerdem: Warum sollte meine Mutter glücklich werden und ich nicht?

Yagmur war beleidigt nach oben gerauscht. Ich folgte ihr.

Sie saß im Kerzenschein auf dem Boden. Vor ihr lag ein Alphabet aus Pappe, mit ziemlich komischen Buchstaben, wie zum Beispiel Ç, Ğ, İ und Ş. Das waren bestimmt türkische Buchstaben. Wahrscheinlich sprach ihre Mutter kein Deutsch. Falls sie überhaupt noch sprechen konnte.

Yagmur redete jedenfalls türkisch. »Ona işaret ver. Senin burada olduğunu anlasın.«*

Sie war total versunken und bemerkte mich gar nicht.

»Ich bin übrigens auch dagegen.«

Yagmur sah auf. Aus ihren Augen sprang mir die Begeisterung regelrecht entgegen. Sie hielt mir beide Hände hin.

»Lena, ich bin so erleichtert. Wir sind doch gar keine richtige Familie. – Ich hab dir übrigens dein Bett neu bezogen.«

Sie ließ meine Hände gar nicht mehr los.

»Und ich habe deine Kopftücher in die Wäsche gebracht.«

Wir sahen einander strahlend an. Und dann erst fiel es uns auf.

---

* »Kannst du ihm nicht ein Zeichen geben, dass du noch da bist?«

»Genau. Wir passen einfach nicht zusammen. Cem und ich und wir alle nicht. Experiment Schneider-Öztürk gescheitert. Multikulti ist tot.«

Yagmur nickte düster und konzentrierte sich wieder auf das Glas. Das Glas mit der Wolfsschnauze von Opa Hermi.

Draußen knackte es. Ich rannte zum Fenster. Eine dunkle Gestalt huschte durch unseren Garten und ich brüllte, so laut ich konnte: »Hier wohnt ein Kriminalkommissar.«

Oh Gott, ich bin schon wie Doris.

Es half jedenfalls. Die Gestalt verschwand.

Vielleicht war das Yagmurs Mutter? Ich sah Yagmur ängstlich an. Aber die hatte inzwischen aufgehört mit den Gläsern zu jonglieren. Sie kriegte einfach keinen Kontakt.

Das tat mir leid, denn es wäre eindeutig das Beste, wenn eine höhere Instanz diese Liebesheirat verhindern würde. Das konnte ich nämlich nicht auch noch schultern. Ich hatte genug mit Cem zu tun.

Denn der verwandelte Tag für Tag seine Persönlichkeit. Und immer dachte er sich neue Gemeinheiten dazu aus.

Als ich am nächsten Morgen in die Schule kam, verprügelten Cem und Costa zum Beispiel gerade einen Siebtklässler. Gut, sie verprügelten ihn nicht, aber sie waren kurz davor. Sie hatten seinen Ranzen geöffnet, die Brotdose rausgenommen und Cem biss gerade in die Stulle. Ich kann verstehen, dass einen Doris' Kochkünste ziemlich fertigmachen, aber das ging eindeutig zu weit.

Leider war auf der Stulle Tofu. Das brachte die Situation zum Eskalieren. Cem stopfte das Brot samt Dose wieder in den Ranzen. »Sag deiner Mutter, dass sie dir morgen ein Steak mitgeben soll, klar? Ich kontrollier das!«

Der Kleine trollte sich. Ich platzte fast vor Wut. »Wenn ihr noch einmal Kinder quält, dann ... dann hau ich euch eine runter.«

Die beiden lachten einfach nur fies. Und als ein anderes Kind vorbeiging, schubste Cem es. Nicht doll. Aber doll genug, um mich zu provozieren. Ich wollte gerade zuschlagen, da stand der Kleine aus dem Dreck auf und trat Cem voll gegen das Schienbein.

Cem guckte ziemlich blöd aus der Wäsche und genau diesen Augenblick nutzte ich und haute auch zu. So sehr ich konnte. Jetzt stand er da und hielt sich die Wange *und* das Schienbein.

Nach dem Schlag war mir doch ziemlich mulmig zu Mute. Ich schaute vorsichtig zu Cem. Aber in seinem Blick lag noch etwas anderes als Wut.

»Glaubste etwa, dass das wehtat? Das war lächerlich. Genau wie dein Bekennerbrief.«

»Du hast ihn also gelesen, bevor du ihn verbrannt hast?«

Cems Blick wurde höhnisch. »Ohhhhh, Entschuldigung. Stand da etwa was Wichtiges drin?«

Ich guckte so jämmerlich, dass sogar Costa Mitleid mit mir hatte.

»Komm, d… das reicht, Mann.«

Das schien Cem überhaupt nicht in den Kram zu passen. Er wurde richtig wütend und schubste Costa zur Seite.

»Verpiss dich, wenn du so'n Müll quatschst. Sie soll ruhig wissen, dass sie mir egal ist.«

Dabei hatte ich das schon lange kapiert. Aber anstatt wegzugehen, stand ich wie die Schlange vorm Kaninchen und starrte Cem mit aufgerissenen Augen an. Und versuchte nicht zu heulen. Ich rief mir immer und immer wieder zu: Nicht heulen, Lena, ja nicht heulen. Aber es war schon zu spät. Bei so viel Gemeinheit liefen mir die Tränen einfach runter. Damit Cem das nicht sah, hielt ich mir schnell die Hände vors Gesicht. Aber das war am Ende bestimmt genauso verräterisch wie meine Tränen.

Bevor ich mich wegschleichen konnte, kam Ritter Costa noch mal zum Einsatz. »Mann ey, Cem, die mag dich noch voll…«

Und Cem? Der war stolz auf sein Herz der Finsternis und machte Costa voll an. »Was ist denn mit dir los? Hast du die Bravo Girl abonniert?«

Was Costa antwortete, hörte ich nicht mehr.

Ich schleppte mich zu unserer Klassenlehrerin und meldete mich krank. So was geht bei uns normalerweise nicht so einfach, aber ich sah so scheiße aus, dass sie mich mit einem mitleidigen Blick nach Hause schickte. Dort würde ich endlich meine Ruhe haben und heulen können, so viel ich wollte.

Aber Ruhe hat man bei Schneider-Öztürks so gut wie nie und am wenigsten dann, wenn man sie braucht. Als ich den Garten betrat, lag jedenfalls Yagmur auf dem Rasen. Erst dachte ich, sie sei tot, denn sie hatte die Augen geschlossen und regte sich nicht. Aber als ich näher kam, sah ich, dass sie ihren Mund bewegte. Sie dankte Allah.

Wofür?

Dann küsste sie drei Tulpen, die im Rasen standen. Stimmt, die waren neu. Aber sie sahen jetzt auch nicht so besonders aus, dass man dafür gleich so einen Aufstand machen musste. Bestimmt hatten die motivierten Mitarbeiter des Berliner Grünflächenamts sie über den Zaun geworfen, damit sie sie nicht einpflanzen mussten und früher Feierabend machen konnten.

Na ja. Yagmur hatte eben einen an der Waffel.

»Siehst du das Zeichen?«

Was denn für ein Zeichen? Mein Blick sprach wohl Bände.

»Mama hat mir gezeigt, dass sie auch nicht mit der Hochzeit einverstanden ist.«

Okay. Allah ist groß. Er wirft ein paar Blumen von seiner Wolke und Yagmur weiß dann schon, was er meint. Wie wäre es eigentlich, wenn Allah mir mal ein Zeichen schickte?

Ich musste wieder daran denken, was heute passiert war, und schon flossen die Tränen. Wie sehr musste Cem mich hassen, um mir so etwas anzutun?

Ich schloss mich ins Bad ein und legte mich angezogen in die Wanne, um in Ruhe nachzudenken. Doris hat mir mal gesagt, dass man mit negativen Erfahrungen besser umgehen kann, wenn man versucht sich in den anderen hineinzuversetzen. Sie hatte ja immer auch eine Menge Müll auf Lager, aber es war nie verkehrt, es zu probieren. Besonders dann, wenn man keinen anderen Ausweg sah.

Was hatte ich in den letzten Tagen bloß falsch gemacht? Das Einzige, was mir überhaupt einfiel, waren meine Briefe. Dabei hatte ich gerade bei denen das Gefühl, alles richtig gemacht zu haben. Vielleicht lag es ja an meinem verräterischen Schreibstil? Es war mir eben doch nicht gelungen, mich an Cems Ausdrucksweise heranzuarbeiten. Dabei wollte ich meine Eins in Deutsch gar nicht raushängen lassen und hatte extra ein paar Fehler eingebaut.

Über meine angestrengten Erklärungsversuche musste ich schließlich selber lachen. Und als ich anfing zu lachen, heulte ich schon wieder. Ich heulte und ich lachte. Wenn ich nicht meschugge war, wer dann?

In diesem Augenblick öffnete sich die Tür.

Hab ich die nicht abgeschlossen? Langsam wusste ich echt nicht mehr, was ich tat.

Es war Metin. Ausgerechnet.

Er hockte sich auf den Badewannenrand, ohne mich zu bemerken. Seine Schultern hingen ziemlich tief. Ich hörte ein Geräusch, das einem Schluchzen nicht unähnlich war. Nur ganz kurz. Dann straffte er sich wieder. Stand auf, ging zum Waschbecken und wusch sich die Hände. Ich weiß nicht, ob ich eine Brille und ein

Hörgerät brauche, aber es sah ganz so aus, als hätte auch Metin geweint.

Als er sich im Spiegel betrachtete, entdeckte er mich. Ich wischte mir schnell die Tränen ab.

»Heuschnupfen«, murmelte ich.

»Tränengas«, antwortete Metin.

Jetzt konnten wir beide noch einmal laut schniefen. Schließlich lag unseren Tränen ja etwas ganz Harmloses zu Grunde.

Metin reichte mir ein Stück Klopapier. Ich riss es in der Mitte durch und teilte mit ihm.

»Ihr habt gewonnen. Es wird keine Hochzeit geben. Kein Antrag, keine Ringe, kein Kuss. Keine ewige Liebe. Kein ›Bis dass der Tod euch scheidet‹«, sagte Metin unvermittelt.

Das ging auf Yagmurs Konto. Sie hatte Metin wahrscheinlich umgehend von Allahs Blumen informiert.

»Keine Kutsche und keine weißen Tauben.«

Metin hörte gar nicht wieder auf. Ich schüttelte ihn leicht. »Du hast wenigstens jemand, der dich mag.«

Das stoppte ihn schlagartig. Erst jetzt schien er mich wirklich wahrzunehmen. »Hast du Liebeskummer?«

»Wir hatten das Thema bereits, Metin. Ich will mit dir nicht über solche Sachen reden.«

Metin sah mich lange an. Eigentlich nicht wirklich mich. Er sah ins Leere. Und sein Blick war echt traurig.

»Schon klar. Wir reden nicht miteinander, wir streiten uns lieber. Wir zeigen uns, wie wenig wir uns brauchen. Wie eine richtig schöne kaputte Familie.« Er

schnäuzte sich noch mal vorsichtig in das halbe Klopapier.
Es tat mir leid, dass es ihm so dreckig ging. Ehrlich. Ganz vorsichtig schob ich meine Hand in seine Richtung. Als Metin meine sanfte Berührung bemerkte, stutzte er.
»Wenn du jetzt was sagst, wird's richtig peinlich.«
Und tatsächlich. Metin sagte nichts. Er schloss seine Hand um meine und lächelte.
Das war ein echt kitschiger Moment. Aber es soll bloß niemand was gegen kitschige Momente sagen. Jeder braucht die mal. In Maßen, versteht sich.
Das ging ja auch wieder vorbei.
Maximal nach einer Minute.
Maximal.
Dann gruselte ich mich ein bisschen vor mir selbst.
Zum Glück war Doris inzwischen nach Hause gekommen und versuchte sich wieder einmal in der Kunst des Kochens. Es roch so stark nach Verbranntem, dass es uns angebracht schien, die trauliche Zweisamkeit aufzulösen und überall im Haus die Fenster aufzureißen.
Doris redete mit dem Kuchen. Sie lobte ihn dafür, dass er existierte, denn etwas anderes war an ihm nicht lobenswert. Er sah komisch aus, er roch verbrannt und er schmeckte bestimmt überhaupt nicht.
Aber Doris schien das alles nicht zu bemerken, sie begrüßte uns strahlend. Unsere roten Augen irritierten sie dann aber doch ein wenig. Man konnte regelrecht

hören, wie sie überlegte, ob sie uns darauf ansprechen sollte. Aber ein strenger Blick von mir ließ sie ausnahmsweise Zurückhaltung üben.

Metin fing schon wieder an zu schleimen. »Der sieht aber gut aus.«

Doris tätschelte ihr architektonisches Wunderwerk. »Das hab ich aus diesem komischen Kochbuch für Verliebte. Das muss Axel angeschleppt haben. Ich werd ihn nachher gleich mal anrufen.« Sie lachte. »Da soll man sogar einen Ring drin einbacken können.«

»Ach was«, sagten Metin und ich gleichzeitig.

Dann schwiegen wir wieder. Und ich machte, dass ich aus dem Schussfeld kam. Denn jetzt war alles klar. Metin hatte den Ring für Doris in einen Kuchen eingebacken. Und Yagmur hatte ihn am Geburtstag ihrer toten Mutter aufgegessen. Sie versteckte den Ring vor Metin. Und Metin ahnte das.

Doris etwa auch? Sie sah Metin jedenfalls prüfend an. »Du bist in letzter Zeit so still. Ist es mein Essen?«

Dabei guckte sie so traurig, dass sogar ich gelogen hätte, wenn ich an seiner Stelle gewesen wäre.

Metin aber sagte die Wahrheit. »Ich liebe dich, Hasi zwei.«

»Ich dich auch, Hasi eins.«

Ich weiß nicht, wie ich das finden soll. Trotz ihres hohen Alters küssten sie sich. Mit Zunge, wenn ich das richtig gesehen hatte. Und sie hatte ihm einen Kuchen gebacken, obwohl sie sich immer am Herd verbrannte.

Cem hat noch nie für mich gebacken.
Ich kriegte eine Gänsehaut. Keine Ahnung, ob vor Ekel oder weil das alles so kitschig war.
Im Flur rannte ich in Tante Diana rein, die mal wieder strahlend vor sich hin flötete.
»Ich hab echt eine Scheißlaune, Tante Diana«, schickte ich gleich vorweg, damit sie gar nicht erst versuchte mich mit ihrer künstlichen Fröhlichkeit zu überschütten.
»Du hast auch 'ne scheiß englische Grammatik. Ihr kriegt morgen eure Arbeiten wieder. Nur damit du Bescheid weißt, dass es dir morgen noch schlechter gehen wird. UndwasmachtYagmurdennimGarten?Undwoist-Doris?Undwiesoriechteshiersoangebrannt? DORIS? Du sollst doch nicht kochen!«
Weg war sie. Zum Glück. Ich hätte sie keine Sekunde länger ertragen.
Ich ging wieder raus zu Yagmur in den Garten. Die Tulpen sahen von ihrer überbordenden Pflege ziemlich mitgenommen aus.
»Siehst du«, sagte Yagmur, als ich näher kam, »die drei Tulpen stehen für dich, für mich und für meine Mutter.«
Ich weiß nicht. Ich fand es ehrlich auch blöd, dass Metin Doris unbedingt vor einen Altar zerren wollte, aber jetzt fühlte ich doch mit ihm. Er wusste, dass Yagmur seinen teuren Ehering verschluckt und irgendwie wieder rausgebracht hatte. Ich an seiner Stelle hätte ihr wahrscheinlich sofort den Bauch aufgeschnitten. Aber

er saß melancholisch im Bad und hatte sogar noch Augen für meine Sorgen.
»Was wäre, also nur rein theoretisch, wenn wir in diesem Fall zu sehr an uns denken? Vielleicht wollen wir einfach nur nicht wahrhaben, dass unsere Eltern sich ... mögen?«
In Yagmurs Gesicht entgleiste ein D-Zug. »Ich hätte wissen müssen, dass man dir nicht trauen kann.«
Wütend riss sie eine der drei Tulpen aus und pfefferte sie vor meine Füße. Komisches Gefühl, einfach so aus der Erde geholt zu werden. Ich hob die heimatlose Tulpe auf. Am Blatt klebte ein Preisschild. Nix mit Allah. Die Blume war von Aldi. Es sei denn, Allah ging jetzt bei Aldi einkaufen.
Ich verwandelte mich in einen Superdetektiv und entdeckte in der frischen Erde auch noch einen Schuhabdruck. Trug Allah Sneakers in Größe 43? Das klang irgendwie nicht glaubwürdig. Yagmur hatte definitiv einen Verehrer. Jezt fiel mir auch wieder die dunkle Gestalt ein, die ich durch meinen Doris-Schrei verjagt hatte!
»Du meinst, einen Stalker?« Yagmur sah sich panisch um.
Ich versuchte sie zu beruhigen. »Bei uns nennt man das: Jemand *mag* dich.«
Aber Yagmur würde wohl niemals zulassen, dass jemand sie mochte. Sie schüttelte jedenfalls heftig den Kopf.
Im Haus hielten Metin, Doris und Tante Diana eine Familienkonferenz ab. Es ging um Cem. Vorsichtig stellte

ich mich an die Wohnzimmertür und lauschte. Didi verkündete Dodo gerade, dass Cem abdriftete.
Seltsam. Unsere Einschätzungen stimmen überein. Definitiv.
Doris gab ihren Senf dazu. »Cem ist ein junger Mann voller Emotionen. Die müssen raus. Aber er weiß einfach nicht, wie.«
Bevor Diana antworten konnte, schluckte sie erst einmal ein üppiges Stück von Doris' Kuchen runter, einschließlich der ihn genießbar machenden Sahne. »Kannst du nicht mal normal reden? Lena brabbelt auch schon so altklug. Du meinst also im Klartext, er ist verknallt?«
Als ich das hörte, knallte bei mir auch eine Sicherung durch. Wenn Cem wirklich verliebt war, dann kam doch nur eine einzige Zielperson in Frage. Und das war ich!
Vor Freude machte ich einen Luftsprung und fiel dabei fast in Cem rein, der mich ignorierte, zu Doris stampfte und ihr wütend sein verknittertes T-Shirt hinhielt.
»Einmal das Eisen schwingen, bitte. Mit dem Lappen kann ich heute Abend nicht auf die Party gehen.«
Er ließ das T-Shirt auf die Schlagsahne fallen und rauschte ab. Wieder ohne mich überhaupt wahrzunehmen.
So sieht also ein Macho in freier Wildbahn aus.
Doris seufzte nur und befreite die Schlagsahne von ihrer Stoffabdeckung. Vorsichtig ging ich ins Wohnzimmer und tat, als wäre ich schon die ganze Zeit bei dem Gespräch dabei gewesen.
»Wie meinst du das: Die Emotionen müssen raus?«

Doris antwortete ganz automatisch. »Ganz einfach. Er läuft vor etwas davon. Aggression ist immer Kanalisation von Gefühlsmasse.«
Er lief also vor etwas davon. Aha. Natürlich. Das war die Lösung. Cem lief vor der Liebe davon. Männer, die im Stehen pinkeln, haben Angst vor der Liebe. Ich konnte es gar nicht glauben, aber es gab tatsächlich noch Hoffnung.
»Doris, Mama, Mutter, bitte hilf Cem!«
Alle anderen hatten meinen flehenden Unterton mit Erstaunen registriert. Nur Doris ließ sich davon nicht beeindrucken. Sie kaute entspannt fertig und versprach uns dann eine kleine Demonstration ihrer Künste. Gemeinsam pilgerten wir zu Cems Zimmer.
Dort plusterte Doris sich auf und verwandelte ihren Ton in den der Supernanny. »Cem, ich möchte bitte mal mit dir sprechen. Kommst du mal?«
Cems Tür krachte vor unserer Nase zu. Doris lächelte Diana gelassen an und machte weiter. »Du weißt, dass wir in diesem Haus keine verschlossenen Türen haben wollen.«
Statt einer Antwort ertönte jetzt ziemlich laute Hip-Hop-Musik. Doris blieb immer noch entspannt.
Doch sie konnte so viel reden und sogar befehlen, wie sie wollte, Cem kam einfach nicht raus. Und da sie den Autoritätspunkt nicht ihm überlassen wollte, versuchte sie sich schließlich an seiner Tür. Aber Cem schien von innen gegenzuhalten. Die Tür bewegte sich jedenfalls nicht einen Zentimeter.

Metin gab seinem Hasen Nummer zwei wie immer Schützenhilfe. Sie sollte ihr Standbein mehr belasten und die Schulter einsetzen. Das war Lektion eins in Sachen Körpereinsatz bei Wohnungsräumungen.
Doris wandte Metins Tipp mit Erfolg an, denn die Tür öffnete sich einen Spalt. Aber dann warf sich Cem noch mal mit vollem Körpereinsatz dagegen und schloss kurzerhand ab. Das schien Doris in einen derartigen Wutrausch zu versetzen, dass sie mit einem gewaltigen Satz gegen die Tür sprang. Es krachte. Das Türschloss brach heraus, die Tür knallte auf und Cem ging zu Boden. Doris auch. Diesmal hatten sie sich offensichtlich gegenseitig ins Koma geknockt.
Aber Cem bewegte sich. Und hielt sich den Kopf. Und er sprach.
»Bist du verrückt geworden?«
Da bewegte sich auch Doris. Und sie sprach auch.
»So, mein Freund. Das heißt Stubenarrest. Und nächstes Mal, wenn du dich wieder schlecht fühlst, dann versuchen wir es mal mit weinen!«
Doris verstand sich selbstverständlich als Siegerin nach Punkten. Sie rappelte sich auf und verließ erhobenen Hauptes den Kampfplatz. Metin brabbelte noch was von wegen »Nächstes Mal bügelste dein T-Shirt selbst!«, und stolperte Doris dann leicht verunsichert hinterher. Als Letzte folgte Tante Diana. Ab heute wollte sie doch keine Kinder mehr.
Ich blieb. Cem schob sich mit einem Ächzen die Tür vom Fuß und versuchte aufzustehen. Ich beugte mich

zu ihm runter und saugte ein wenig von seinem Geruch auf. »Du hast den Brief doch gemocht, stimmt's?«
Cem nahm die Tür und stellte sie vor den Türrahmen.
Richtig. Er hatte ja Stubenarrest. Und jetzt sperrte er sich selbst ein wie ein Gorilla im Käfig. Mit dem Unterschied, dass ich ihn nicht sehen konnte. Und auch nicht riechen.
Ich überlegte überfordert, was das zu bedeuten hatte. Ja? Oder eher nein? Ich verstand ihn einfach nicht.
Es gab nur eine Autorität, die mir helfen konnte: Dian Fossey.
Mein Vater hatte mir zum dritten Geburtstag ihr Buch ›Gorillas im Nebel‹ geschenkt. Bisher hatte ich es noch nicht gelesen. Aber ich kannte den Film und wusste, dass sie die Richtige für mich war.
Schließlich hat Dian Fossey jahrelang mit Gorillas gelebt und im Laufe der Zeit lernten die Affen sie in ihrer Mitte zu akzeptieren. Selbst die gefürchteten männlichen Leittiere. Dian Fossey wusste also genau, wie man Gorillas zur Liebe brachte. Jetzt musste ich nur noch herausfinden, wie sie das gemacht hatte.
Ich steckte gerade mitten in ihren interessanten Ausführungen, als Yagmur mich störte. Sie wühlte – ohne zu fragen – in meinen Sachen rum und versuchte anschließend mit meiner Kamera rauszuschleichen. Ich räusperte mich und Yagmur blieb ertappt stehen. Vor Schreck war ihr wohl die passende Frage im Hals stecken geblieben. Also musste ich ihr erst mal auf die Sprünge helfen.

»Kann ich deine Kamera haben? NEIN!«
»Aber ich will sie doch nur im Garten aufstellen und den Stalker überführen.«
Wenn man Yagmur so ansah mit ihrem Kopftuch und der lustabweisenden Kleidung, dann war sie definitiv nicht die Sorte Frau, die Stalker verfolgen würden. Mich hatte vorhin schon gewundert, dass sie das Wort überhaupt kannte.
»Yagmur, die stehen mehr auf Frauen, die ...«
Sie guckte mich so scharf an, dass ich lieber meine Klappe hielt.
Zum Glück klingelte es in diesem Moment. Gerettet! Aber Yagmur zuckte dermaßen zusammen, dass sie mir schon wieder leidtat.
»Keine Angst. Stalker klingeln nicht an der Haustür.«
Yagmur nahm sich trotzdem meinen Briefbeschwerer. Ich ging vorsichtshalber mit nach unten. Ein weiteres Komaopfer würde ich einfach nicht ertragen.
Vor der Tür stand Costa. Er sah irritiert auf den Briefbeschwerer und versuchte es mit einem Witz: »P... Post gekriegt?«
Yagmur lachte nicht. »Cem, deine zweite Gehirnhälfte ist da«, rief sie nach oben.
Ich fand das lustig. Cems Antwort nicht.
»Halt's Maul, Yagmur. Und du komm hoch, Arschgesicht.«
Ob das die Art ist, wie Gorillas ihre Zuneigung zeigen – scheiße sein?!

Es dauerte lange, bis ich einschlafen konnte, und meine Nachtruhe endete in dem Moment, als die Alarmanlage eines Autos aufheulte. Es klang irgendwie so alarmierend, dass ich sofort zum Fenster sprang. Cem stieg gerade wütend aus Doris' altem VW, der sich in Metins C-Klasse Baujahr 98 verkeilt hatte. Doris stand bereits mit Nachthemd an der Tür. Sie erlaubte sich in Anbetracht der späten Stunde ein einigermaßen fassungsloses Gesicht.

»Was macht dich eigentlich so wütend, Cem Öztürk? Teilst du uns bitte auf anderem Weg mit, was in dir vorgeht? Wogegen kämpfst du so aggressiv an?«

Als Antwort trat Cem fluchend gegen die Stoßstange, die prompt abfiel.

Ich schwelgte in Hoffnungsfantasien. Denn es war ja wohl eindeutig, dass er gegen seine Gefühle ankämpfte. Aber die Liebe ist eben eine Naturgewalt und dagegen kam er einfach nicht an. Man darf die Liebe nicht aufhalten. Wenn sie sich ihren Weg bahnen muss, zeigt sie oft unerwartete Gesichter: Wut! Angst! Enttäuschung! Oder einfach nur rohe Gewalt.

Und das galt nicht nur für Cem. Auch für Metin, der seine Liebe zu Doris nicht zeigen durfte, weil seine Tochter es nicht erlaubte! Ich musste handeln, ehe unser Haus in Schutt und Asche gelegt wurde. Vorsichtig trat ich an Metin heran.

»Ich bin einverstanden, Metin. Ich rede mit Yagmur.«

Metin strahlte. Seine 98er-C-Klasse war vergessen. Doris' Stoßstange auch. Und Cems Stubenarrest.

Aber Cem und Doris kämpften ihre Gorillakämpfe weiter. Sie wollte, dass er sich erst entschuldigte und dann fegte. Er fühlte sich verarscht.

»Nur Schwule fegen und entschuldigen sich«, brüllte er. Und trat noch einmal voll gegen die Stoßstange.

Cem war kurz vorm Explodieren. Das kapierte auch Metin, denn er stellte sich sofort schützend vor Doris. Die schien sich jedoch überhaupt nicht einschüchtern zu lassen. Im Gegenteil. Sie plusterte sich auf wie ein kampfbereites Huhn. Aber Cem zeigte ihr lediglich einen Vogel und verschwand im Haus. Metin und Yagmur folgten ihm.

Ich blieb mit Doris zurück, verwirrt und unsicher. Auch wenn Cem vom Sturm der Gefühle durchfegt wurde, war er gerade trotzdem ziemlich fies. Und so gefiel er mir nun auch wieder nicht.

Also bat ich Doris um Hilfe, obwohl auch sie ziemlich ratlos dastand. »Mama, mach ihn bitte, bitte wieder nett!«

»Aber dazu muss ich wissen, wovor er wegläuft.«

Ich zuckte betont ahnungslos mit den Schultern. Doris würde es noch erfahren. Aber definitiv erst dann, wenn ich mit Cem zusammen war.

Yagmur lag schon wieder im Bett. Ihr panischer Gesichtsausdruck erzählte mir, dass irgendetwas passiert war. Hatte Cem ihr was angetan?

Yagmur schüttelte den Kopf. Sie presste eine kitschige Geschenktüte an sich, weigerte sich aber Auskunft darüber zu geben, was sie enthielt. Dabei konnte man es sowieso sehen. Oben guckte nämlich eine langstielige rote Rose raus.

Yagmur bekam das, wovon Frauen weltweit träumten, sozusagen im Schlaf. Aber anstatt sich zu freuen, fand sie es furchtbar und hätte dem Perversen, der ihr das antat, am liebsten die Hände abgehackt. Auf Grund meines Blickes beschloss sie Strafmilderung und wollte sich mit einer Anzeige begnügen. Da sie nicht wusste, gegen wen, sollte Metin die Fahndung einleiten.

»Vielleicht fängst du mal an Steuern zu sparen?«

Sie sah mich verdutzt an. Ich drehte das kleine Schild um, auf dem ›Für Yagmur‹ stand, und zeigte ihr die E-Mail-Adresse: Verknallt-in-Neukölln.

Yagmur musterte sie mit einer Mischung aus Interesse und Abscheu. Dabei sog sie so unauffällig auffällig den Duft der Rose ein, dass ich laut auflachen musste. Wenn sie sie so abscheulich fand, warum lag sie dann damit hier wie Schneewittchen, anstatt sie in die Tonne zu werfen?

»Diese Blume ist ein Beweismittel und muss erhalten bleiben, damit die Identität des Täters festgestellt werden kann.«

»Schreib ihm einfach eine Mail, dann weißt du, wer es ist.«

Aber Yagmur weigerte sich strikt einen Jungen zu kontaktieren. Erst recht, wenn der ein Perverser war.

»Vielleicht ist es ja auch ein Mädchen?«

Yagmur schnappte nach Luft. Über so was Entsetzliches konnte sie gar nicht sprechen. Sie lief rot an und hätte sich bestimmt am liebsten die Decke über den Kopf gezogen. Aber dann wäre sie ja mit der verbrecherischen Rose ganz allein im Dunkeln gewesen.

Es war echt an der Zeit, mit Yagmur mal ein ernstes Wort zu sprechen.

»Und wenn der gar nicht pervers ist? Wenn ihn deine Mutter geschickt hat, damit du nicht einsam bist? Und was wäre übrigens, wenn sie Metin Doris geschickt hätte?«

Yagmur schluckte. Aber sie dachte darüber nach. »Und wen hat sie Cem geschickt?«

»Mich.«

Yagmur starrte mich mit aufgerissenen Augen an. »Wie meinst du das?«

Genau so, wie ich es sage. »Symbolisch, natürlich.«

Yagmur nickte vorsichtig. Sie verstand zwar nur Bahnhof, doch es rumorte in ihr.

»Wenn du für immer allein bleiben willst, okay. Aber erlaub wenigstens deinem Vater, die Frau zu heiraten, die er liebt.«

Yagmur blieb stumm und ich redete mich so richtig in Rage. »Die sind über 40. Da findet man so schnell keinen mehr. Willst du sie später waschen und spazieren fahren?«

Yagmur schwieg immer noch und so beschloss ich schweres Geschütz aufzufahren. »Allein sein geht auf Dauer nicht. Es macht traurig.«

Wir schauten aus dem Fenster und spürten wohl beide, wie traurig es hier im Zimmer war. Einsam nämlich. Ich dachte an Cem, der Lichtjahre von mir entfernt war. Yagmur legte ihre Hand zart auf die Rose.

Dann lenkte sie endlich ein. »Na ja. XYZ hatten sie ja sowieso schon.«

So kam es, dass Yagmur ihre Erlaubnis zur Hochzeit unserer Eltern gab. Nur den Ring rückte sie nicht mehr raus. Sie behauptete, ihn auf der Toilette runtergespült zu haben. Metins Gesicht bei dieser Auskunft hätte ich gerne gesehen. Wahrscheinlich hatte sie ihn mit der Unwichtigkeit materieller Dinge gegenüber emotionalen – wie zum Beispiel der Erlaubnis seiner Tochter – getröstet. Wobei sie bestimmt nicht anders konnte, als an Verknallt-in-Neukölln mit Schuhgröße 43 und einer Vorliebe für Blumen zu denken.

Am nächsten Morgen war der nächtliche Zwischenfall mit Cem und der Stoßstange Thema Nummer eins. Doris bestand darauf, dass Cem sich bei ihr entschuldigte. Cem beantwortete das wieder mit einem gezielten Griff an seine Stirn und musste deshalb ohne Brote in die Schule. Womit sie ihn natürlich keineswegs beeindruckte – im Gegenteil.

Ehrlich gesagt hätte ich Doris nicht für so naiv gehalten.

War sie auch nicht, wie sich im Laufe des Tages zeigte.

Zuerst platzte sie in den Unterricht und brachte Cem lauthals seine angeblich vergessenen Pausenbrote mit der gewünschten Teddywurst drauf. Vor dem Sportunterricht kam sie auf den Schulhof und wedelte mit ei-

ner Bob-der-Baumeister-Turnhose herum. Dazu strubbelte sie Cem jedes Mal betont mamihaft durch die Haare und nannte ihn »mein Kleiner«. Die Lacher wurden langsam immer lauter. Und Cem kotzte.
Am Nachmittag stellte er jedenfalls seine Kuhsparbüchse auf den Küchentisch. Für die Stoßstange und das Rücklicht. Wenn ich Doris wäre, hätte ich ihn dafür sofort abgeküsst.
Doris machte so was Ähnliches. »Cemil Öztürk otur, konuş benimle .«*
Cem war so beeindruckt, dass er sich tatsächlich setzte.
Und dann sprang Doris echt über ihren großen Doris-Schatten. Sie schob ihm die Sparkuh wieder zu und verlangte lediglich von ihm, dass er ab und zu mit ihr über seine Gefühle redete.
Aber da kam sie bei Cem echt nicht gut an. »Männer reden nicht über Gefühlsmist.«
Doris ließ sich nicht beirren. »Dein Gefühlsmist lässt aber alle Sicherungen bei dir durchknallen.«
Cem sah kurz zu mir her. Er wusste, dass Doris Recht hatte, und ich wusste es auch. Jetzt musste er es nur noch sagen!
Und wirklich, er nickte!
»Ich musste in letzter Zeit so viel an meine Mutter denken.«
Er log!!! Und dazu grinste er eiskalt.

---

* »Setz dich, Cemil Öztürk, und rede mit mir.«

Daraufhin machte Doris das, was ich auch gern gemacht hätte. Sie haute so auf die Kuh, dass sie zersprang. Und als Cem das wütend kommentieren wollte, kam sie ihm zuvor.
»Die Kuh kannst du haben. Das Geld nehm ich mir selbstverständlich.«
Ich trottete leise aus der Küche und hörte Cem und Doris noch bis nach oben keifen. Ich war müde und traurig und verwirrt.
›Gorillas im Nebel‹ warf ich in den Papierkorb. Dieses Buch würde mir auch nicht helfen geduldig darauf zu warten, bis Cem endlich seine Rolle als Mann in einer kastrierten Gesellschaft gefunden hatte.

Trotzdem träumte ich die ganze Nacht von einem Gorilla, der sich im Nebel verirrt hat. Am nächsten Morgen stand ich völlig zerschlagen auf.
Yagmur lag auf dem Gebetsteppich und schnarchte leise. Eigentlich sollte ich sie schlafen lassen. Aber Yagmur hatte einen Verehrer und bekam Rosen. Mehr Glück konnte sie gar nicht verkraften.
»Yagmur, Arsch hoch. Wir kommen zu spät zur Schule!«
Ich hatte ganz schön laut gebrüllt. Aber Yagmur öffnete trotzdem nur ein Auge und nuschelte: »Es ist Samstag.«
Dabei war ich mir so sicher gewesen, dass Mittwoch war. Mittwoch oder Donnerstag. Wenn heute wirklich Samstag war, dann hieß das, ich hatte kaum eine Chance, Cem aus dem Weg zu gehen.
Richtig. Er saß schon im Wohnzimmer und machte Zeitungsstudium. Sport Bild, versteht sich, aber es zeigte wenigstens, dass er lesen konnte. Abwaschen konnte er auch. Das heißt: Er wusch seine Tasse ab.
Ich habe noch niemand so eine Tasse abwaschen sehen. Sanft rieben seine schaumigen Hände am Rand entlang, und als er sie abtrocknete, schien es mir, als streichelte er die Tasse. Vielleicht dachte er jetzt an mich?
Lieber Herr Jesus, verwandle mich in diese Kaffeetasse.

Aber auch der Herr Jesus kannte keine Gnade mit mir. Er ließ mich Lena bleiben. Und sogar die negative Steigerungsform davon: Lena am Wochenende.

Mit letzter Kraft schlich ich mich aufs Klo. Ich schloss die Augen und dachte nach. Seit Cem meinen Liebesbrief verbrannt hatte und damit ziemlich klar war, dass er mich scheiße fand, blieb mir noch eines: so langsam und schmerzhaft wie möglich zu sterben.

Ich war so in meine traurigen Gedanken versunken, dass ich gar nicht merkte, wie noch jemand ins Bad kam.

»Was machst du?«

»Ich warte, dass ich sterbe.«

»Darauf warte ich, seitdem ich in diesem Haus lebe. Und jetzt Rückzug. Opa hat Stuhlgang.«

IIIIIIhhhhh!

Ich riss angewidert die Augen auf. Opa konnte einen aus jeder noch so romantischen Todesversuchung reißen.

Mein Rückzug führte an Cems geöffneter Zimmertür vorbei.

Seit er die Stoßstange mit seiner Sparkuh bezahlt hatte, bildete sich Doris ein, sie wäre Cems Kumpel. Eigentlich war das ziemlich lächerlich, aber insgeheim war ich total neidisch auf sie. Sie spielte sogar Playstation mit ihm. Ich glaube, gestern hätte sie sein Karatespiel noch gewaltverherrlichend genannt. Und heute besiegte sie ihn sogar. Obwohl sie von diesen Spielen gar keine Ahnung hatte! Wie auch von den meisten anderen Sachen.

Sie durfte ihm sogar durchs Haar wuscheln und ihn

wegen seiner Niederlage trösten. Cem ertrug das! Und als ob das nicht genug war, drückte sie ihm auch noch einen dicken Kuss auf die Wange.
Das Leben war so ungerecht.

Kapitel 6
Das, in dem nicht ich geküsst werde

Cem verbot ihr zwar ihn weiter abzulutschen, aber sie hatte ihn wenigstens einmal geküsst. Während ich nur schmachtend an der Tür stand. Sie durfte ihn küssen und ich nicht!
In diesem Augenblick drehte sich Doris um und entdeckte mich. »Spiel doch mit, Gurke!«
Was für ein verlockendes Angebot! Aber als Cem mich ansah, verzichtete ich lieber. Seine Augen sagten nämlich ganz deutlich, dass ich sein Zimmer auf keinen Fall betreten durfte. Also schüttelte ich den Kopf und ging. Nicht ohne Doris einen total traurigen Blick zuzuwerfen. Das muss sie wohl alarmiert haben, denn sie kam mir sofort hinterhergestürzt.
»Was ist denn los? Da ist doch was zwischen Cem und dir! Ihr geht euch ständig aus dem Weg und ihr streitet euch ja nicht einmal mehr.«
Mama wusste also Bescheid. Und egal wie bescheuert Doris meistens ist, es tat gut, dass da endlich jemand war, dem ich mich anvertrauen konnte. Aber ich hatte ein bisschen Angst, dass sie mich jetzt für krank hielt.

»Wie lange läuft das denn schon?«
»Es ist schon wieder vorbei.«
Doris sah mir direkt in die Augen. »Das ist nicht vorbei. Ich merk doch, wie es brodelt.«
Wahrscheinlich ist heute Weihnachten und Doris die gute Fee!
»Meinst du echt? Auch bei Cem?«
Doris nickte bejahend und klopfte mir aufmunternd auf die Schulter. Aber nach dieser guten Nachricht brauchte ich keine Aufmunterung mehr! Ihre Einschätzung hatte mich auf einen Schlag total glücklich gemacht. Und Doris musste es ja wissen. Sie war schließlich Psychologin.
»Aber du brauchst dir keine Sorgen zu machen. Es ist vollkommen normal, dass Geschwister aufeinander eifersüchtig sind. Niemand möchte gern seine Mutter teilen.«
Okay. Ich sollte den Berufsverband der Psychologen anrufen und Doris wegen Unfähigkeit anzeigen. Jetzt nahm sie auch noch tröstend meine Hand! Dabei lag sie diesmal echt noch falscher als sonst. Und als ich mich ihr zu entwinden versuchte, presste sie mich noch fester an sich. Ich wollte etwas sagen und dieses fatale Missverständnis aufklären, aber Doris schüttelte nur sanft den Kopf.
»Wer widerspricht, hat immer ein Problem. Aber keine Sorge. Hilfe naht.«
Als Doris mich endlich wieder aus ihrem flachen mütterlichen Busen entließ, rannte ich fast in mein Zim-

So sieht mein ganz persönliches deutsch-türkisches Dilemma aus:
Will ich Axel oder Cem?!

Doch nach seiner „Nahtoderfahrung" kann ich Axel nicht einfach hängenlassen.

Darum bekommt Cem einen Abschiedskuss. Auch wenn's wehtut.

Doris dagegen hält nichts von Trennung – zumindest beim Wäschewaschen. Das Ergebnis: Metin sieht rosa!

Axel hat gelogen, ich lag falsch und jetzt liegt Cem im Koma. Wird trotzdem alles gut?

Yagmur zumindest ist glücklich. Sie glaubt zu wissen, für wen Metin den Kuchen gebacken hat.

Jetzt hofft sie, dass ihre Mutter ihr ein Zeichen gibt.

Aber Metin sucht sein Glück anderswo: in den Tiefen der Kanalisation.

Und nur Tante Diana weiß, was das für Doris' Zukunft bedeutet.

So viel kann ich Metin schon mal versprechen: Für ein Leben mit Doris braucht man starke Nerven.

Da ist ein heimlicher Verehrer, wie Yagmur ihn hat, etwas ganz anderes. Aber wer steckt hinter Verknallt-in-Neukölln?

mer. Ich musste Kathi dringend eine Mail schreiben. Vielleicht sollte ich einen Ausreiseantrag stellen? Aber wohin denn?
Der Computer war schon besetzt. Von Yagmur. Bis heute war mir gar nicht klar gewesen, dass sie überhaupt wusste, wie man ihn einschaltet. Als ich mich ihr näherte, deckte sie den Bildschirm schnell mit einem Blatt Papier zu. Wenn das mal nicht Verknallt-in-Neukölln bedeutete!
Yagmur schüttelte den Kopf und behauptete tatsächlich, etwas auf eBay ersteigern zu wollen. Genau in dem Augenblick machte es *pling*. Das war definitiv eine Antwort.
Ich zog kurzerhand das Papier vom Bildschirm.
Verknallt-in-Neukölln hatte dem Islam-Girl-16 geantwortet. Er versichert ihr, dass er auch Türke war.
»Allah razi olsun, o doğru tarafta«*, flüsterte Islam-Girl.
»Du musst nicht flüstern. Er kann dich nicht hören.«
Yagmur tat zwar so, als hätte sie das gewusst, aber sie wurde ziemlich rot. Schnell versicherte sie, die Türken (da schloss sie sich wahrscheinlich ein) seien ein hochtechnologisiertes Volk.
»Ah, deshalb folgt jetzt gleich Cybersex.«
Yagmur hielt sich vor Entsetzen an der Tischkante fest.
»Aber ich bin doch angezogen.«
So viel zu ihrer Hochtechnologisierung. Jetzt tat sie mir

---

* »Danke, Allah, er ist auf der richtigen Seite.«

richtig leid. Dabei war ich nur fies zu ihr, weil ich selber so traurig war.

Wieder machte es *pling*. Die romantische Komödie ging weiter ...

»Der Glaube ist ihm sehr wichtig.« Yagmur sprang auf und umarmte mich.

Sie wirkte so abartig glücklich, dass ich ihr am liebsten etwas Böses sagen wollte. So was wie: Zwei Moslems finden sich im von Amis entwickelten Internet. Sie verlieben sich und könnten glücklich sein, doch leider wurde jede E-Mail vom CIA kontrolliert. Und weil sich aus Ausländer-Chats terroristische Zellen bilden können, folgte die Verhaftung und der lebenslange Aufenthalt im Hochsicherheitsgefängnis Guantánamo.

Aber ich ließ es sein, sonst würde sich Yagmur bestimmt nie wieder an den Computer trauen. Und irgendwie wäre das auch traurig. Ich hatte sie nämlich noch nie so ausgelassen erlebt.

»Freu dich auf das erste Date.«

Yagmur hörte sofort auf wie eine Verrückte rumzuspringen.

»Es wird kein Date geben. Ich bin doch nicht so verdorben wie du!«

Wenn du wüsstest. Ich bin viel keuscher als mein Ruf. Der, für den ich so gern verdorben wäre, hat mich abgeschossen. Und eigentlich wollte ich heute sterben.

Ich ließ mich auf mein Bett fallen, während Yagmur sich in Rage redete.

»Verknallt-in-Neukölln und ich sind Geschwister im

Geiste. Wir finden Nähe im Glauben. Das ist bestimmt mehr, als du je mit einem Jungen erleben wirst.«
Sie hat ja so Recht.
Mir war nach Heulen zu Mute. Aber das konnte ich ihr nicht zeigen. »Sein Nickname ist Verknallt-in-Neukölln, wonach klingt das für dich? Nach Blumenpflücken?«
Yagmur sah mich verunsichert an. »Er ist Türke und hält am muslimischen Glauben fest. Er respektiert mich und will kein Date.«
Dann war jetzt die Zeit für eine Lektion gekommen, die nicht im Koran stand. »Männer sind Arschlöcher.«
Ich setzte mich an den Computer und wollte zu tippen anfangen, aber Yagmur riss meine Hände von der Tastatur.
»Der merkt doch, dass du jetzt schreibst!«
»Stimmt, ist ja auch eine ganz andere Handschrift.«
Yagmur brauchte ein bisschen, aber dann kapierte sie und ließ mich machen. Ich fragte Verknallt-in-Neukölln, ob er ein Date wollte. Eigentlich brauchte ich seine Antwort gar nicht abzuwarten. Ich war mir ziemlich sicher, während Yagmur nervös hin und her hoppelte.
Als es wieder *pling* machte, stürzte sie zum Bildschirm und las mir mit zitternder Stimme vor, was es über Jungs zu lernen galt. »Nein. Ich möchte dich erst mal kennenlernen und nichts überstürzen. Sag mir einfach, wenn du so weit bist.«
Jetzt war es an mir, zitternd zum Bildschirm zu stürzen

und zu überprüfen, ob Yagmur mich nicht anlog. Aber genau das stand da wirklich.

»Was? Das ist doch kein richtiger Türke!«

Yagmur lächelte verliebt den Bildschirm an. »Du bist doch nur neidisch, weil es bei euch keine richtigen Gentlemen mehr gibt.«

Also doch sterben. Und zwar so schnell wie möglich. Vor allem, weil gleich Mittagessen mit der versammelten Familie (also auch mit Cem) anstand. Aber Opa behauptete, dass zum Sterben noch Zeit war. Dann klapperte er mit seinem Gebiss und schleppte mich entschlossen an den Tisch.

Doris bestand immer noch auf ihrer abartigen Eifersuchtsthese und sah entsprechenden Handlungsbedarf. Sie entriss Cem die letzte Hähnchenkeule. Als er sich wehrte, stach sie ihm fast mit der Gabel in die Hand.

»Die Keulen sind für die Männer!«, heulte Cem.

»Die Steinzeit ist vorbei«, informierte ihn Doris.

Und mit einem Klatsch landete die Keule auf meinem Teller. Dabei hatte ich überhaupt keinen Hunger.

Sie lächelte erst mich und dann Cem oberdorishaft an und verkündete für den ganzen Tisch: »In meiner Familie herrscht gleiches Recht für alle.«

Ich ließ die Gleichberechtigungskeule unangerührt auf meinem Teller liegen und beteiligte mich stattdessen unaufgefordert am Abräumen – die beste Gelegenheit, um mit Doris allein zu sein.

»Mutter. Noch einmal ganz langsam zum Mitschreiben: Ich bin nicht eifersüchtig auf Cem.«

Aber Doris hatte ihre Diagnose gemacht und war davon nicht mehr abzubringen. »Ich fühl doch deinen Schmerz.«

Sie verwechselte da etwas. Das war nicht Schmerz, sondern Wut. Wut über ihre Ignoranz. »Rechne nicht damit, dass ich jemals dein Grab besuche, wenn du immer so tierisch Stress machst wegen allem.«

Ich verdrehte abschließend die Augen und ging, um mir einen Ort zu suchen, der garantiert stress- und dorisfrei war.

Das Klo war leider schon besetzt. Metin fummelte mit einem Magneten in der Kloschüssel. *Wie eklig!*

Yagmur hatte es kurzfristig geschafft, sich vom Computer zu lösen, und war gerade dabei, sich umzuziehen. Ich hatte ihrer Unterwäsche noch nie einen längeren Blick gewidmet, aber jetzt nahm ich sie unter die Lupe. Es waren ziemlich erschreckende Teile, die sie da spazieren führte. Wahrscheinlich trug sie nicht nur den Pullover ihrer Tante Günal, sondern auch deren BH. Na, zum Glück wollte sie die nächsten Monate nur chatten.

Stolz erzählte mir Yagmur, dass sie auch zusammen beteten.

Cyber-Praying oder was?

»Yagmur, meine Liebe. Der Junge ist Türke. Er liebt Allah und bestimmt steht er auch auf Mustafa Sandal. Und weißt du, was das heißt?«

Yagmur schüttelte den Kopf.

»Das heißt«, ich machte eine bedeutungsvolle Pause,

»das heißt, er ist genauso langweilig wie du! Wenn das kein Zeichen von Allah ist.«
Yagmur kniff ihre Augen zu schmalen Schlitzen zusammen. »Seit wann verstehst du die Zeichen von Allah?«
»Seitdem er laut schreit.« Ich verstellte meine Stimme. »Yagmur, du bist schön und sexy, mach dich schick, zieh den BH von deiner Tante aus und geh mit dem Jungen einen Tee trinken.«
Jetzt sank Yagmur aufs Bett und verschränkte beleidigt die Arme. »Der BH ist gar nicht von meiner Tante, sondern von C&A, und ich finde, dass er mich sehr gut kleidet.«
Eigentlich hatte sie ja Recht. Also nicht wegen des BHs, sondern wegen des Prinzips. Wenn sie diese Unterwäsche anbehielt und drüber ihren Gastarbeiter-Look, dann musste sie wenigstens keine Angst haben, dass er mehr von ihr wollte.
Zu dem Thema hätte es noch ziemlich viel zu sagen gegeben. Zum Beispiel, dass Yagmur ideal in eine dieser Telenovelas passen würde, in der die Frau am Anfang ganz hässlich aussieht und am Ende nur ihre Brille abnimmt und irre attraktiv ist. Und dann ist sie im Nu verheiratet und schwerreich. Keine schlechten Aussichten, um sich mal eine Ziegenfarm in Anatolien leisten zu können …
An dieser Stelle wurde ich jäh in meinen Überlegungen gestört.
Doris brüllte. »Gurke! Antanzen.«
Hat man denn in diesem Haus nie Ruhe?

Widerwillig kam ich aus dem Zimmer. Die Arme in die Seiten gestemmt, erwartete sie mich. Sie sah schon fast unheimlich aus. Ich ahnte Schlimmes, aber so schlimm konnte selbst ich es mir nicht vorstellen: Doris hatte ein Projekt geplant!

Mit einem Farbeimer und mit Rolle und Pinsel stand sie an der Treppe zu Opas drittem Reich.

Sollten wir etwa seine braune Einstellung übertünchen? Dann würde selbst Opa mal baden und die Farbe wäre wieder ab.

»Ich will nicht helfen. Es ist Samstag. Ich will einfach nur sinnlos herumliegen und ein Beispiel dafür sein, wieso man heutzutage keine Kinder mehr kriegen sollte.«

Aber Doris kannte keine Gnade. Sie schob mich einfach nach oben und versprach gleich nachzukommen.

Ich hätte abhauen können. Aber ich hatte immer noch keine Idee, wohin. Vielleicht sollte ich Axel in die Wüste folgen, in die ich ihn geschickt hatte? Aber dann fiel mir ein, dass ich, wenn ich das Zimmer gestrichen hatte, Ansprüche darauf anmelden könnte. Dann wäre ich auch die verliebte Yagmur los, die mich ständig daran erinnerte, dass ich unglücklich war.

Das fühlte sich nach einem möglichen Ausweg an. Also klopfte ich. Als sich nichts rührte, brüllte ich: »Opa, ich komm dich jetzt besuchen. Zieh die Unterhose an und setz dein Gebiss ein.«

Es war immer noch nichts zu hören. Vielleicht war er schon tot? Ich öffnete vorsichtig seine Tür. Aber Opa war nicht tot, sondern saß nur bockig auf seinem Bett.

»Du bist enterbt«, verkündete er wütend.

Wie kam er bloß darauf? Erstens hatte ich noch gar nicht gesagt, dass ich nach dem Streichen meine Besitzansprüche auf den Dachboden anmelden würde, und zweitens gab es ja bis auf seine Kirschholzprothese nichts mehr, was er zu vererben hatte.

Ich hätte ihn zu gern davon in Kenntnis gesetzt, wenn nicht genau in dem Augenblick Cem mit einem Farbeimer ins Zimmer gestiefelt wäre. Wollte der etwa auch Opas Zimmer für sich beanspruchen?

Aber dann schob sich auch noch Doris herein und mir wurde mit einem Schlag die Bedeutung des Wortes Projekt klar. Das hier war die Teamworknummer und hatte nichts mit irgendwie gearteten Verschönerungs- oder Übereignungsversuchen zu tun.

Auch Cem kapierte das und wollte sich sofort wieder verdrücken, aber Doris hielt ihn zurück. »Cem. Lena. Ihr müsst zusammen etwas erreichen.«

Opa Hermi unterbrach sie. »Ich will Mustertapete mit altdeutschen Ornamenten.«

Das nahm ihm Doris übel. »Vater, benutz deine Prothese und geh endlich mit Diana Enten füttern.«

Als Opa polternd die Dachkammer verlassen hatte, holte sie Raumpläne aus einer Klarsichtfolie. Die Ecken sollten grün werden und der Rest rot. Sie hatte also echt vor, Opas einseitiger Weltanschauung noch ein paar Seiten hinzuzufügen.

Cem, der die ganze Zeit geschwiegen hatte, guckte mich mit böse zusammengekniffenen Augen an und wollte wissen, ob das meine Idee sei. Wir wechselten ein paar Nettigkeiten, wie ›Penner‹, ›Halt's Maul‹ und ›Leck mich am Arsch‹, und Doris strahlte. Sie freute sich, dass wir wieder kommunizierten, und behauptete, dass das Projekt Geschwisterliebe damit bereits begonnen hätte.
Dann drückte sie jedem von uns eine Farbflasche in die Hand. Rot für Lena und grün für Cem.
»Und jetzt rein damit. Keine Hemmungen!«
Es schien kein Entkommen zu geben.
Wir quetschten beide lustlos unsere Farben in den Eimer. Doris nahm einen Stab und begann sie weihevoll zu verrühren.
»Zwei völlig unterschiedliche Farben, die scheinbar nichts miteinander gemeinsam haben, doch wenn man sie im Weiß, der Mutter aller Farben, zusammenführt, dann werden sie eins.«
Ermunternd hielt sie uns den Stab hin und forderte uns auf, so lange gemeinsam zu rühren, bis alle Gegensätze überwunden waren und eine neue Einheit entstand.
Mehr als »Alter Schwede«, brachte Cem nicht raus. Ich kannte meine Mutter ja schon als Priesterin der Harmonie, aber sie überraschte mich trotzdem immer wieder aufs Neue. Und ehe Cem und ich noch irgendwas unternehmen konnten, schloss sie einfach die Tür von außen ab und ließ uns allein mit den Farbtöpfen.
Ehrlich gesagt hatte ich echt ein bisschen Angst, mit Cem und der Farbe allein in einem Zimmer zu sein. Da-

bei war das bis vor kurzem in der Top Ten meiner Träume noch die Nummer eins. Aber inzwischen war so viel schmutziges Wasser die Spree hinuntergeflossen, dass ich keine Ahnung mehr hatte, wie ich mich verhalten sollte. Also doch gut, dass Doris das ganze Arbeitszeug dagelassen hatte.

Ich legte, ohne aufzusehen, so lange Folie aus, bis mir der Rücken wehtat. Dann musste ich einfach zu Cem hinschauen, und wie ich bemerkte, glotzte er auch zu mir. Aber als sich unsere Blicke begegneten, guckte er schnell wieder weg. Vielleicht sollte ich mich wirklich trauen ihn anzusprechen. Aber außer seinem Namen brachte ich einfach nichts raus.

»Na los, sag's schon.«

Was soll ich denn sagen? Dass ich sterben wollte, bevor ich Yagmurs C-&-A-Unterwäsche gesehen hab und Doris mit der Farbe angekommen ist?

»Na, die Entschuldigung.«

Ich verstand überhaupt nichts. Wollte er wirklich, dass ich mich entschuldigte? Und wofür? Für meinen Brief?

Cem wurde ungeduldig.

»Ey, du hast dich für Axel entschieden und nicht für mich. Und das, obwohl ich mich so was von zum Arsch gemacht hab ...«

Ich weiß auch nicht, aber ich kriegte es nicht hin. Und das, obwohl ich genau wusste, dass ich jetzt und vielleicht nur noch jetzt die Chance hatte, ihn wiederzugewinnen. Aber irgendwas in mir kriegte die Entschuldigung nicht raus. Und überhaupt wollte ich mich auch gar nicht entschuldigen. Das hatte ich doch schon längst mit meinem Brief getan! Und den hatte Cem verbrannt. Nicht ich.

Also sagte ich lieber gar nichts und begann die Wand zu streichen. Ich tauchte den Pinsel in den Eimer und dann passierte es: Als ich Cems forderndes Gesicht sah, konnte ich nicht anders, ich schlug den Pinsel voller Farbe in seine Richtung.

Ich glaube, ich meinte das gar nicht böse oder zickig. Ganz im Gegenteil. Eigentlich war das eher eine versöhnliche Geste. So ein bisschen was von Doris' Vermischungsgedanken – weitergedacht.

Das kam allerdings bei Cem nicht so gut an.

»Ey, das is'n Marken-T-Shirt, ja? Du hast mich wochenlang provoziert und jetzt auch noch das ... Dabei hätte ich echt gewollt. Aber ich bin Türke. Und wir lassen uns nicht verarschen!«

Cem hatte sich in Rage geredet und kam immer näher. Als er kurz vor mir stand, fing er an wütend zu gestikulieren. Die Farbrolle in seiner Hand hatte er völlig vergessen und wischte sie in Rage über mein Gesicht.

Nach einem kurzen Moment der Versteinerung war auch ich so weit. Ich hatte ihn nicht verarscht, darum hatte auch ich das Recht auf Rache. Ich war keine Litfaßsäule, die man einfach mal so grün anstreichen konnte! Also nahm ich meinen Pinsel und gab mir richtig Mühe, ihn rot anzumalen.

Cem war von meinem Gegenangriff so überrascht, dass

er über die Leiter stolperte, auf der der Farbeimer stand. Die Leiter kippte und die Farbe ergoss sich in vollem Schwall über ihn. Cem wollte noch ausweichen, weil ihm aber die Farbe die Sicht nahm, knallte er voll gegen die Wand – und ging k.o. zu Boden.
Ich konnte nicht anders, ich musste lachen. Das sah echt besser aus als bei Charlie Chaplin. Erst als Cem stöhnte, hörte ich wieder damit auf und erkundigte mich besorgt, ob alles okay war.
Cem antwortete nicht.
In dem Augenblick öffnete Doris die Tür und sagte erst mal gar nichts. Als sie sich wieder aus ihrer Erstarrung lösen konnte, griff sie nach Cems Hand und untersuchte seinen Puls.
»Sie wollte mich umbringen«, flüsterte Cem.
Das war so fies. Ich wollte ihn gar nicht umbringen. Ich wollte ... Ich weiß auch nicht, was ich wollte. Aber umbringen wollte ich mich selbst! Alles, was ich tat, wurde falsch interpretiert! Und jetzt sah mich auch noch Doris wütend an! Was für eine Gemeinheit!
Vor lauter Frust trat ich noch mal richtig gegen die Leiter. Damit hatte ich den Bogen überspannt. Doris war kurz davor zu explodieren und schickte mich aus dem Zimmer. Ich ging, aber nicht ohne die Tür noch einmal richtig krachen zu lassen. Von wegen aggressives Verhalten!
Aber mit jeder Treppenstufe wurde mir trübseliger zu Mute. Cem dachte, dass ich ihn umbringen wollte! Und nicht nur Cem, auch meine eigene Mutter!

Bis ich in unserem Zimmer landete, war ich tränenüberströmt. Deshalb sah ich nicht sofort, dass sich auch hier eine revolutionäre Entwicklung vollzogen hatte.
Yagmur war geschminkt. Und allein das hätte wahrscheinlich genügt, um ihr nachzuweisen, dass sie nicht mehr auf tugendsamen Pfaden wandelte. Aber als ich von ihrem Gesicht abwärts sah, hatte selbst ich Sorge um ihren Platz im Paradies: Yagmur trug einen roten Stringtanga!
Als sie meinen entsetzten Blick bemerkte, sprang sie wie von der Tarantel gestochen auf ihr Bett und versuchte den Tanga zu bedecken.
Ich hatte jedoch genug gesehen. »Man trägt ihn übrigens unter der Hose.«
Yagmur verzog sich augenblicklich noch tiefer unter ihre Decke. »Das war nur ein Experiment.«
Sie sah mich so verängstigt an, als würde ich sie sofort anzeigen, und steckte dann auch noch den Kopf unter die Decke. Sie tat mir leid, mindestens so leid wie ich mir selbst. Also setzte ich mich auf ihr Bett und streichelte vorsichtig die Decke.
»Sieh mal, Yagmur. Das ist was ganz Tolles. Du entdeckst gerade die Welt: Flirten, Mode ... Liebe.«
Als das Wort Liebe meinen Mund verließ, hätte ich am liebsten laut aufgeschluchzt. Wieso war ihr Türke so nett?
Ganz langsam kam Yagmur unter der Decke hervorgekrochen und sah mich besorgt an. »Hast du geweint?«

Sie streichelte mir ganz zart über die Wangen und entdeckte die Reste der grünen Farbe in meinem Haar.
»Ich hab mich auch geschminkt«, erklärte sie mir stolz.
Das half mir wieder zu einem kleinen Lächeln. Und wenn *ich* es schon nicht schaffte, glücklich zu sein, dann wollte ich wenigstens Yagmur dazu verhelfen.
Ich hielt ihr zunächst ein kurzes Referat über die Ähnlichkeit zwischen Kukident und dem Internet-Flirt. Beide hatten drei Phasen. Und nur das Zusammenwirken der drei aufeinanderfolgenden Phasen ermöglicht einen stabilen, lang andauernden Halt.
Wir waren gerade mal in Phase eins.
1. Kennenlernen
Man stellt fest, dass man viele Gemeinsamkeiten hat. Er ist Türke, er glaubt an Allah und er betet. Und sein Pluspunkt: Er betet nicht nur Allah, sondern auch dich an.
2. Näher kennenlernen
Ihr schickt euch ein Bild und stellt fest, dass die Ausstrahlung des anderen so groß ist, dass ihr unbedingt in die dritte Phase einsteigen wollt. (Zum Glück würde er auf diesem Foto Yagmurs Unterwäsche nicht sehen, noch nicht …)
3. Das Date
Das erste Date ist der wichtigste Teil des Kennenlernens. Und auch ein Date unterteilt sich in drei Phasen.
Die Begrüßung und die ersten gestotterten Sätze

konnte ich getrost weglassen. Das würde Yagmur sogar ohne meine Anweisung hinkriegen. Wirkliche Bedeutung hatte nur die Phase drei. Ich kam richtig in Fahrt.

»Wenn er dich tief anschaut und du spürst, dass auf einmal alles richtig ist. Dann willst du ihn küssen. Dann musst du ihn küssen.«

Yagmur unterbrach mich mit aufgerissenen Augen.

»Du meinst ... wie im ... Film?«

Ich sah sie einen Moment irritiert an und wusste es sofort. »Du hast noch nie geküsst.«

Yagmur kicherte schamhaft und schüttelte den Kopf.

Es ist nicht zu glauben.

»Noch nicht mal deine Freundin Suna? Das macht man doch spätestens in der dritten Klasse, um zu üben.«

Yagmur schüttelte verschreckt den Kopf.

Und noch ehe sie etwas sagen konnte, packte ich sie einfach und küsste sie. Das machte ich allein schon deswegen, weil ich mich auf ihr entsetztes Gesicht freute, aber auch deshalb, weil ich dabei an meine Freundin Kathi dachte. Mit der hatte ich nämlich das Küssen geübt. Und Kathi fehlte mir. Sie fehlte mir so sehr, dass ich Yagmur küsste, um an Kathi denken zu können. Aber so hölzern, wie Yagmur sich anstellte, wurde mir schnell wieder bewusst, wen ich küsste.

Dann also weiter im Unterricht.

»Und dann kletterst du so auf seinen Schoß. Da stehen sie voll drauf.«

Ich kletterte auf Yagmurs Schoß und küsste weiter. Dabei legte ich die Hand um ihren Rücken. Gerade als sie sich endlich ein wenig entspannte, ging unsere Tür auf und Doris platzte herein.

»Gürkchen, hast du noch mal 'ne ...«

Ich versteh nicht, warum man Doris immer wieder schockieren kann. Ich meine, sie ist Psychologin mit einer echten Vorliebe für Psychopathen. Aber sobald Nille und ich und jetzt eben auch Yagmur und Cem die kleinsten Abweichungen von den ausgetretenen Pfaden zeigten, fiel sie aus allen Wolken.

Ehrlich, mich amüsierte das.

Yagmur weniger.

Sie schubste mich von ihrem Schoß und spielte die peinlich Berührte. Vielleicht war sie das ja auch.

»Spinnst du?«, fauchte sie.

Das war ziemlich feige von ihr und Doris stieg auch noch voll darauf ein. »Yagmur, gehst du mal bitte in dein Zimmer?«

Wie meint sie das denn?

Aber Yagmur schien zu begreifen und ging brav in ihre Hälfte des Zimmers.

Als sie aus Doris' Blickfeld verschwunden war, zischte die mich an: »Sag mal, tickst du nicht mehr richtig? Erst willst du Cem umbringen und verprügelst ihn wie ein Kind aus Neukölln, und als ob das nicht genug wäre, demütigst du anschließend Yagmur.«

Das Kapitel Cem ließ ich fallen, aber was Yagmur betraf, konnte ich das einfach nicht auf mir sitzenlassen.

»Ich übe mit Yagmur für ihr Date.«

Doris sah zu Yagmur, die am liebsten vor Scham in den Boden versunken wäre. Dann warf sie mir einen besonders scharfen Vernichtungsblick zu. »Yagmur würde NIE daten. Und das weißt du genauso gut wie ich.«
Wenn Yagmur nur die geringste Ehre im Leib hatte, dann stellte sie das jetzt richtig.
»Ich weiß nicht, wovon Lena redet.«
Boahh. Das war so ziemlich der mieseste Verrat, den ich bisher erlebt hatte. Und dabei hatte ich eben noch überlegt Yagmur aus Mangel an Kathi nach dem Kuss mein Herz auszuschütten.
Doris zeigte Yagmur mit einem Kopfnicken, dass sie verschwinden sollte. Sie wollte mich wohl ohne Zeugen anbrüllen.
»Ich weiß nicht, was du vorhast. Aber treib keinen Keil zwischen mich und die anderen, Fräulein. Denn *so* löst man seine Eifersucht nicht. So macht man sich nur Feinde.«
Was will sie denn jetzt hören?
Ich drehte mich um, drehte meine Musikanlage laut, also ziemlich laut, und knallte mich aufs Bett. Trotzdem drangen Doris' Worte bis zu mir.
»Zwischen uns ist nichts mehr wie früher.«
»Wieso??? Es ist doch ganz genauso wie immer. Du nervst und ich krieg die Krise.«
Doris drehte die Anlage wieder leise.
»Wie zornig du auf mich bist. Liebe lässt sich doch teilen. Das ist doch noch lange kein Grund, auf so boshafte Art und Weise Aufmerksamkeit zu erregen.

BITTE gesteh ein, dass du ein Problem mit mir hast, Gurke.«
Ich konnte mich nur wiederholen. Sie nervte und ich fiel von einer Krise in die nächste.
»ICH HABE KEIN PROBLEM MIT DIR.« Meine Stimme war etwa so laut wie zuvor die Musik. »Lass mich doch einfach mal in Ruhe! Bitte.« Jetzt war ich wieder ganz leise geworden. »Ich kann nicht mit dir reden und ich will nicht.«
Doris bewegte sich langsam in Richtung Tür. Sie ließ die Schultern so hängen, dass sie mir schon fast wieder leidtat. Aber was ging sie einem auch so unglaublich auf den Zeiger. Außerdem nervten ihre falschen Schlüsse echt. Das war doch kein Einfühlungsvermögen, sondern lediglich ein Zeichen, dass sie sich immer nur selbst im Mittelpunkt sah.
Doris stand jetzt schon fast draußen, drehte sich aber noch einmal um. »Du schließt mich aus deinem Leben aus und du weißt, dass das das Schlimmste ist, was du mir antun kannst. Ich gehe jetzt, weil ich nicht will, dass du mich auch noch weinen siehst.«
Sie schloss die Tür.
Ich weiß nicht. Klar meinte sie es so. Und wahrscheinlich heulte sie jetzt auch. Aber mit ihren Ansagen machte sie, dass ich mich von oben bis unten scheiße fühlte. Das war emotionale Erpressung. Ich öffnete die Tür, um Doris vielleicht doch noch zurückzurufen. Aber sie war schon verschwunden. Stattdessen stand Cem vor mir.

Ehe er irgendetwas sagen konnte, legte ich los: »Hey. Du weißt aber, dass ich dich nicht umbringen wollte, oder?«
Cem sah mich voller Verachtung an. »Lass die Finger von meiner Schwester, kapiert?«
Ich schloss die Tür, damit er nicht noch nach mir trat. So was kann man einfach nicht anders nennen als die Arschkarte haben.
Ich hätte mich gerne meinem gesammelten Selbstmitleid völlig hingegeben, wenn mich nicht ein tierischer Schrei aufgeschreckt hätte. Es klang, als käme dieser Schrei tief aus der Erde.
Unten hatte sich in Windeseile mal wieder die ganze Familie versammelt, einschließlich Tante Diana. Die schaute mit aufdringlich wissendem Blick in die Runde und ließ uns ihre Überlegenheit voll spüren. Und obwohl klar war, dass sie Bescheid wusste, blieben ihre Lippen auch dann noch verschlossen, als ein Bauarbeiter klingelte und mit ziemlich ernstem Blick nach einem Seil verlangte. Aber Doris weigerte sich irgendetwas rauszurücken, bevor Diana ihr nicht sagte, was oder wer da so geschrien hatte.
»Metin.«
Metin hing in der Kanalisation fest! Na klar, der hässliche Hochzeitsring. Danach hatte er also vorhin – offensichtlich erfolglos – in der Toilette geangelt. Der hatte wohl doch nicht nur teuer ausgesehen …
Draußen standen drei weitere Bauarbeiter auf einem Kranwagen und hantierten mit Doris' Abschleppseil.

Sie diskutierten eine Weile, bis sie eine Art Seilwinde entwickelt hatten, mit der Metin nach oben gezogen werden sollte.

Doris hing derweil am Gully und brüllte nach unten. »Metin. Ich habe dich immer geliebt. Nur dass du es weißt.«

Das klang eigentlich ganz süß, wenn man davon absah, dass sie ihn damit schon fast tot glaubte. Und sie vergaß auch nicht, ihm zu sagen, dass sie die Liebe zu seinen geschmacklosen Manschettenknöpfen reichlich übertrieben fand.

Aha. Doris wusste also immer noch nichts von Metins Heiratsplänen. Er musste tierisch Schiss vor einem Nein haben, sonst hätte er sie doch bestimmt schon längst gefragt. Andererseits brauchte er dazu vielleicht diesen Ring. Und der war eben auf stinkende Abwege geraten.

Es kam mir ein bisschen wie eine Geburt vor, als Metin schließlich nass und schmutzig, aber strahlend wieder aus dem Gully stieg. Er war wohl fündig geworden und wollte uns vor lauter Glück gleich alle umarmen. Was niemand zuließ, denn er roch wie ein Stinktier.

Doris hastete naserümpfend wieder ins Haus. Diana schleppte die Bauarbeiter als Dankeschön mit wippendem Arsch in unsere Küche und genoss ihre Blicke. Und Yagmur musste ertragen, dass sich Metin noch mal extra nett für seinen Kanalausflug bei ihr bedankte. Auch ich nickte ihr fies grinsend zu.

Doch das Lachen verging mir schnell. Jetzt, wo das

Spektakel hier vorbei war, konnte nichts mehr von meiner eigenen Misere ablenken.

Ich rannte die Treppen hoch und spielte unter meiner Bettdecke mein eigenes Blair Witch Project durch. Vor kurzem fand ich es ja noch romantisch zu sterben, aber jetzt blieb mir wohl gar nichts anderes übrig. Cem hasste mich, Yagmur hielt mich für den Teufel persönlich und morgen würde mich Doris bestimmt zur Adoption freigeben. Mein Vater hatte sich seit Jahren nicht mehr bei mir gemeldet, mein Bruder war in der Schweiz und den einzigen Freund, den ich jemals hatte, hatte ich selbst aus dem Haus gejagt. Niemand wollte noch was mit mir zu tun haben. Selbst Opa dachte über Ausziehen nach, seit sein Zimmer eine neue Farbe hatte.

Meine Aufzählung wäre wahrscheinlich endlos weitergegangen, wenn sich nicht in dem Augenblick Schritte meinem Bett genähert hätten.

Ich versuchte nicht mehr zu atmen, aber umsonst. Yagmur konnte anscheinend auch durch Decken sehen.

»Du hättest mich nicht küssen dürfen. Ich MUSS das nicht lernen. Du wolltest mich verführen! Aber ich WILL keinen Jungen treffen. Ich will nicht so werden wie die Mädchen, die mit 14 schwanger werden ...«

Das klang nach einer kompletten Gehirnwäsche.

»Mann, du tust doch nur so. Weil du feige bist. Aber das ist mir jetzt auch alles egal. Dann bleib doch einsam und unglücklich.«

So wie ich, hätte ich noch hinzufügen können, aber

man soll seinen Feinden nicht zu viel Information in die Hand spielen.

Ich drehte mich zur Wand und zeigte damit, dass das Gespräch beendet war. Aber Yagmur blieb trotzdem vor meinem Bett stehen. Ich lugte vorsichtig unter der Decke hervor. Sie schaute ziemlich getroffen ins Leere.

Als sie meinen Blick spürte, versuchte sie ihrem Gesicht schnell wieder Festigkeit zu verleihen. »Ich bin gar nicht einsam.« Dann drehte sie sich weg.

Ich weiß nicht, warum, aber irgendwie gab mir genau das meine Zuversicht wieder. Wenn es auch anderen so dreckig ging wie mir, dann konnte man ja irgendwann einen Club gründen. Jetzt konnte ich jedenfalls einschlafen. Nicht gerade glücklich oder zufrieden, aber irgendwie getröstet.

Am nächsten Tag ging ich zu Doris in die Praxis. »Geteiltes Leid ist halbes Leid«, war so einer ihrer Sprüche und ich hatte vor, ihr mindestens die Hälfte meines Kummers auf den Rücken zu werfen.

Doris sah mich ziemlich überrascht an. Ich wollte das Gespräch so positiv wie möglich beginnen, damit sie am Ende auch wirklich bereit war meine Last mit mir zu tragen.

»Ich möchte dir ein Geheimnis anvertrauen.«

Doris kniff – immer noch skeptisch – die Augen zusammen. So leicht war sie also nicht zu kriegen.

»Ich dachte, so was behältst du neuerdings für dich.«

Das war der Tropfen, der mich zum Überlaufen brachte. Egal wie blöd ich jetzt vor Doris dastand, ich fing an zu

heulen und konnte gar nichts dagegen tun. Ich wollte mich gerade umdrehen und wieder gehen, da sprang Doris auf, riss mich in ihre Arme und küsste mich auf die Haare. Das konnte ich normalerweise gar nicht ausstehen, aber jetzt gab es mir die Gewissheit, dass mich immer noch jemand küssen wollte.
Auch wenn es nur meine Mutter war.
In dieser freudigen Anwandlung ließ ich Doris ihr großes Therapeuten-Ehrenwort schwören, niemand zu erzählen, was ich ihr jetzt anvertrauen wollte. Nachdem ich noch zusätzlich auf der ärztlichen Schweigepflicht bestanden hatte, fing ich an. Das heißt, ich versuchte es. Denn es war gar nicht so einfach. Ich stotterte erst mal eine Weile rum.
»Ich bin so gereizt, weil ...«
Ich kriegte es einfach nicht raus.
»Mich hat jemand geküsst ... Ich hab jemand geküsst. Und ...«
Doris nickte ermunternd mit dem Kopf.
»Okay. Und jetzt fühlt sich das an wie Liebe.«
Dabei zeigte ich erst auf meinen Bauch, dann auf mein Herz und schließlich auf meinen Kopf. Ich hätte überall hinzeigen können. Denn ich fühlte es überall. Deshalb nannte Rosamunde Pilcher das auch »mit jeder Faser des Körpers«. Und ich hätte, ehrlich gesagt, nie gedacht, dass Rosamunde Pilcher und ich mal eine Sache gleich bezeichnen würden.
»Du hättest mir doch sagen können, dass du dich wieder mit Axel versöhnt hast.«

Doris und ihre schrägen Schlussfolgerungen. Sie versuchte immer einen Schritt weiter zu sein und kam damit erst recht vom Weg ab.

»Es ist nicht Axel. Es ist Cem.«

Das schien ihr erst mal nicht viel auszumachen.

»Kennst du den aus der Schule?«

»CEM!!!«

Ich glotzte Doris an. Wann raffte sie es endlich?

»UNSER CEM?«

Ich weiß nicht. Unser Cem? Na ja, eben unser Cem.

Ich nickte leidend.

Und Doris lachte einfach los.

WAS GIBT ES DA BITTE SCHÖN ZU LACHEN?

Aber Doris hörte gar nicht mehr damit auf.

Meine Mutter hatte mich ausgelacht.
Das war so mies. Ich stand vor ihr wie eine Sechsjährige und zu allem Überfluss streichelte sie mir auch noch über den Kopf.
Es war ihr Lachen, das mich tief in eine Erinnerungsschleife katapultierte. Ich musste an all die Peinlichkeiten denken, die Nille und ich mit Doris durchgemacht hatten. Da war ihr Kampf gegen die Abschaltung der AKWs. Nicht nur dass ich täglich das T-Shirt mit dem Aufdruck AKW NEIN DANKE tragen musste, ich durfte den unattraktiven Lappen auch noch mit der Hand und mit kaltem Wasser waschen, weil wir keinen Strom und kein warmes Wasser mehr verwendeten. Ich hab das mitgemacht, ohne sie auszulachen.
Und dann, als sie die Legehennen befreien wollte. Ich musste Schmiere stehen und wie ein Hahn krähen, falls jemand kam. Und natürlich kam jemand. Jemand vom Wachschutz. Ich krähte wie ein Hahn, und nur weil die dachten, dass ich ein Ständchen für 'nen Euro gab, konnte Doris gerade noch entkommen.
Und ich hab auch vor zwei Jahren nicht gelacht, als sie beim Hissen der Greenpeace-Flagge vom Fahrrad fiel.
Denn ich würde nie über Doris lachen, wenn ihr etwas wichtig ist.

Und sie? Ich tauchte aus meiner Erinnerungsschleife wieder auf. Sie lachte immer noch.

»Du bist also ... in Cem verliebt?«

»Nein. Ich LIEBE ihn.«

Sie lachte wieder und sah mich dabei skeptisch an.

»So pathetisch hab ja noch nicht einmal ich über meine ersten Frühlingsgefühle gesprochen.«

Frühlingsgefühle?

»Na, Klein-Mädchen-Schwärmereien. Als ich 16 war – und ich war geistig ein bisschen weiter und hatte auch größere Brüste ...«

Aus. Pfui. Doris!

»Jedenfalls war ich in alles vernarrt, was zwei Beine hatte. Jungs, Mädchen, Haustiere. Und alles war die große Liebe.«

»Gut. Und was willst du mir damit sagen?«

»Gurke: Deine Gefühle sind nur Fantasie. Die Fantasie ist ein Schutzfilter, durch den die animalischen Triebe abgefangen werden. Das trainiert dich für die spätere Tatreife: DEN Moment, in dem du wirklich bereit bist für eine Beziehung. Für seelische UND körperliche Erotik.«

Schutzfilter? Animalische Triebe? Tatreife? Seelische Erotik? Wann drückt sich Doris mal so aus, dass man sie auch versteht?

»Cem war ja nicht mein erster Freund. Ich war ja schon mit Axel zusammen.«

»Das mit Axel war doch psychologisch nur eine Kameradschaft, ein Binnenkontakt.«

Binnenkontakt?
»Bei Axel warste doch gehemmt, das hat doch hinten und vorne nicht geklappt. Auch mit dem Sex. Denn durch Sublimierung ...«
Sublimierung?
»Sublimierung ist das Umlenken von sexueller Triebenergie in geistige Leistung. Mit Axel könnte aus deinem Abi also vielleicht noch was werden.«
»Cem ist also nur ein Porno in meinem Kopf, der nichts zu bedeuten hat?«
Wieder strich mir Doris übers Haar und klopfte mir anschließend an die Stirn. »Na bitte. Da kommt ja was an bei dir. Das ist die Geburt einer neuen Persönlichkeit. Vielleicht schaffste ja das Abi doch, wenn du jetzt schnell in die Schule gehst.«
Sie gab mir noch einen Kuss auf die Stirn und deutete auf die Tür. Dann setzte sie wieder ihre Lesebrille auf und begann in einer Akte auf dem Schreibtisch zu blättern.
Ich stand da und brachte keinen Ton raus. Als sie auch nach einem Räuspern meine Anwesenheit nicht zu registrieren schien, fragte ich leise: »Das ist alles, was du dazu zu sagen hast?«
Doris sah immer noch nicht auf. »Ein bisschen mehr Dankbarkeit, Gurke. Unser Gespräch hatte schließlich einen Wert von 89,90 Euro.«

Kapitel 7
Das, in dem ich Mama wahnsinnig mache

Die Schule brachte ich damit rum, dass ich mir die Wörter notierte, die Doris mir in ihrer 89,90-Euro-Beratung an den Kopf geworfen hatte.
Schutzfilter. Animalische Triebe. Tatreife. Seelische Erotik. Binnenkontakt. Sublimierung.
Zu Hause holte ich gleich als Erstes das Jugendlexikon der Psychologie raus und überlegte dabei, welches Kind erst mal nachschlagen muss, um das intellektuelle Gequatsche seiner Mutter zu verstehen. Es fiel mir niemand ein. Ich glaube, sogar die Kinder von Stephen Hawking verstehen ohne Lexikon, was er ihnen über schwarze Löcher erzählt.
Aber selbst das Lexikon klang nicht wesentlich anders als meine Mutter. Oder wenn ich ehrlich war, dann klang es sogar genauso wie sie.
Eine Gruppe ist eine begrenzte Anzahl von Personen, die als Folge gemeinsamer Interessen und eines damit verbundenen ausgeprägten Wir-Gefühls gleiche Ziele verfolgt. Einzelnen Gruppenmitgliedern werden spezifische Rollen zugewiesen. Die Gruppenmitglieder befinden sich in Interdependenz und in einem <u>Binnenkontakt</u>, der stärker ist als Außenkontakt zu anderen Gruppen.
Okay, mein nächstes Problem hieß also Interdependenz mit Vornamen.
Eine Interdependenz ist eine wechselseitige Abhängigkeit zweier oder mehrerer Personen, das heißt, das Verhalten von

Person A hat Einfluss auf das Verhalten von Person B – Letzteres hat wiederum eine Rückwirkung auf A. Beispiel: Mann und Frau, Leiter und Gruppe, Staat und Volk.
Aha.
Axel und ich waren also eine Gruppe und hatten Einfluss aufeinander. Aber was, verdammt noch mal, hatte das mit meinen Gefühlen für Cem zu tun. Wenn nicht alle meine Fingernägel schon in meinem Mageninhalt schwämmen, wären sie spätestens jetzt dort gelandet.
Ich schlug das Buch wütend wieder zu und erwartete fast den Namen meiner Mutter vorne drauf zu lesen. Aber es gab noch eine weitere Person auf dieser Welt, die sich so asozial ausdrückte wie Doris. Mindestens eine. Und der Vater seiner Ideen, so schrieb der Jugendpsychologielexikonautor stolz, sei Oswalt Kolle. Jetzt hatte der geistige Zustand meiner Mutter endlich einen Namen: Oswalt! Im Internet fand ich eine erstaunliche Menge an Nacktfotos, die Kolles Bücher mit so ominösen Titeln wie ›Dein Mann, das unbekannte Wesen‹ oder ›Das Wunder der Liebe‹ zierten.
Und er hatte auch was zur Sublimierung geschrieben. Also wenn ich ihn richtig verstand, dann hatten die Menschen die Atombombe nur erfunden, weil sie nicht genügend Sex hatten. Mein nächster Leserbrief würde definitiv an Herrn Kolle gehen.
Yagmur lag auf ihrem Teppich rum und betete mal wieder. Ich konnte nicht anders – ich musste sie in die bahnbrechenden Überlegungen Kolles einweihen.

»Yagmur, ist dir klar, dass du nur deshalb so viel betest, weil du keinen Sex hast?«

Yagmur sprang wie von der Tarantel gestochen von ihrem Teppich und war mal wieder für eine gewaltsame Auseinandersetzung bereit. Ich konnte sie gerade noch zurückhalten, indem ich mich auf den Verfechter dieser Idee berief. Natürlich hatte sie noch nie etwas von ihm gehört. Ich ja bisher auch nicht.

Darum wollte ich ihr gerne mitteilen, was ich noch alles über Kolle rausgefunden hatte, dass er nämlich auch in den siebzigern maßgeblich an der Popularisierung der sexuellen Aufklärung beteiligt war. Aber Yagmur verweigerte sich jeder Diskussion mit einem lauten »Ich bin sehr glücklich mit meiner Religion und ich vermisse nichts, Herr Kolle!«. Na ja, das klang ehrlich gesagt wie das Gegenteil. Aber schließlich hatte mir der gute Mann bei meinen Cem-Problemen auch nicht weitergeholfen. Genauso wenig wie Doris.

Yagmur dagegen hatte Herr Kolle zur Tatreife verholfen. Sie rannte energisch zum Computer und schrieb ihrem Verehrer eine Mail.

Es ist vorbei. Wir werden nicht mehr kommunizieren. Ich habe kein Interesse an einer Bekanntschaft mit einem jungen Mann.

Ehe ich noch den Mund aufmachen konnte, hatte sie die Nachricht mit einem *pling* abgeschickt. Danach verzog sie mal wieder ihre türkischen Augen zu chinesischen und es war klar, dass ich keine Vertraute in ihr finden würde.

Niemand hörte mir zu. Niemand glaubte mir. Niemand verstand mich. Ich war auch gar nicht verliebt. Ich war nur in der Pubertät. Und allein. Ein Alien im weiten Universum, welches wie E.T. traurig »nach Hause« vor sich hin flüsterte. Mit dem Unterschied, dass E.T. wusste, wo sein Zuhause war. Und ich nicht.

Draußen klapperten die Mülltonnen. Jemand fluchte. Ich öffnete das Fenster. Doris sortierte den Müll in die richtigen Tonnen.

Das war also meine Mutter. Während andere Mütter mit ihren Töchtern über die Liebe redeten, hatte Doris Schneider nur Augen für den grünen Punkt. Wahrscheinlich ahnte sie nicht, dass zwischen uns etwas zu zerbrechen drohte, wenn sie sich weiterhin weigerte mir zuzuhören.

Genau in dem Augenblick schien Doris doch endlich abgelenkt. Sie lauschte. Hatte sie meine innere Stimme gehört? Hatte sie etwa gehört, wie es in mir schrie ›Mama. Ich bin definitiv verliebt. Und zwar ganz ganz ernst.‹?

Hatte sie nicht.

Sie hörte die Stimmen von Cem und Costa, die sich mal wieder so lautstark prügelten, dass man Angst haben musste, ob die Decke das noch lange aushielt. Doris jedenfalls ließ den grünen Punkt grünen Punkt sein und rannte ins Haus.

Ich weiß nicht, wie Cem das machte. Er zeigte Doris deutlich, was er von ihr hielt, nämlich nichts, und dafür bekam er so viel Aufmerksamkeit von ihr, dass er die Straße von Berlin nach Istanbul damit pflastern konnte. Und wenn Cem für alle vernehmlich brüllte, dass er Costa töten würde, dann wurde das nur halb so dramatisch bewertet wie Cems fiese Unterstellung, dass ich ihn umbringen wollte. Cem kam mit allem immer irgendwie durch.

Jetzt wurde sogar Costa von Metin angebrüllt, dass er ihn wegen Filmpiraterie, Drogenmissbrauch und Vandalismus anzeigen würde. Und Cem, warum zeigte er den nicht an? Der hatte ja außerdem noch das schwere Delikt der Verleumdung auf dem Buckel. Aber hier schien niemand zu bemerken, was wirklich los war, seit Doris mit Cem auf Kumpel machte …

Vielleicht sollte ich das einfach brutal für meine Interessen ausnutzen? Warum nicht?

Doris lag im Schlafzimmer auf dem Bett und machte laute Ommm-Entspannungsgeräusche. Ich legte mich leise auf Metins Seite und wartete auf den richtigen Moment. Aber wenn sich Doris erst mal ein-ommmte, dann gab es den nie. Also fing ich einfach an.

»Das kommt doch von dir, dass man für immer beziehungsgestört ist, wenn man mit der ersten großen Liebe so richtig auf die Schnauze fällt, nicht?«

Doris öffnete ein Auge. Ich versuchte sie so freundlich wie möglich anzulächeln. Aber irgendwie wirkte sie trotzdem ziemlich erschrocken. Sie drehte sich weinerlich auf den Bauch und drückte ihr Gesicht ins Kissen.

»Gurke, ich fleh dich an. Lass mich doch mal in Ruhe.«

Ich dachte gar nicht daran. Wieso sollte ausgerechnet ich immer Rücksicht auf die anderen nehmen?

»Sag mal, hat Cem dir irgendetwas von mir erzählt? Oder hat er mal ein gewisses Mädchen erwähnt? Ein Mädchen, dessen Namen er auf keinen Fall nennen wollte?«

Ich fixierte Doris, um auch ja keine Regung von ihr zu verpassen. Aber entweder konnte Doris gut schauspielern oder sie wusste wirklich nichts. Sie schüttelte jedenfalls nur genervt den Kopf und war bereit mir 20 Euro zu geben, nur damit ich sie in Frieden ließ.

Was für eine Gemeinheit!

»Aber das kommt doch auch von dir, dass Eltern, die mit Geld und Fernsehen Aufmerksamkeit ersetzen, schwere Erziehungsfehler bei ihren Kindern machen.«

Doris hob ihren Kopf vom Kissen und starrte mich einigermaßen fassungslos an. Ich musste sie nach meiner emotionalen Erpressung also erst einmal wieder beruhigen.

»Ich helfe dir ja nur, dass du diese Fehler gar nicht erst machst. Weißt du, es tut einfach so gut, mit dir über diesen ganzen Kram zu sprechen. Das hat sich alles richtig in mir aufgestaut.«

Doris drehte sich wortlos auf den Rücken, schloss die Augen und stellte sich tot. Ich versicherte mich kurz, dass sie noch atmete. Ja, sie lebte noch. Sie wollte einfach nicht reden. Und das hieß vielleicht, dass sie doch was wusste. Ich legte mich auf ihren Bauch und kraulte in ihren Haaren herum.

»Wenn du was weißt, dann sagst du mir das doch, oder? Ich würde dir auch sagen, wenn Metin eine Neue hat. Ich würde dir alles sagen, was Metin und dich betrifft.«

In diesem Augenblick merkte ich, dass ich log. Sollte ich ihr von Metins Heiratsabsichten erzählen? Lieber nicht. Denn wenn sie davon wusste, würde sich alles nur noch darum drehen, ob sie nun heiraten sollte oder nicht.

»Kannst du nicht mal Metin fragen, ob Cem eine Neue hat?«

Doris sprang auf und packte mich. Sie wirkte ziemlich aggressiv.

»Er hat keine andere. Er ist Jungfrau. Und jetzt hau ab, sonst lauf ich Amok.«

Plötzlich fiel es mir ziemlich leicht, Doris in Ruhe zu lassen. Ich wusste ja jetzt, was ich wissen wollte. Ich wusste sogar mehr, als ich wissen wollte. Ich ging aus dem Schlafzimmer und flüsterte beseelt vor mich hin: »Jungfrau.«

Aber als ich schon auf dem Flur war, fiel mir noch etwas ein und ich drehte mich um. Doris hatte sich gerade wieder in ihr Kissen gekuschelt. Das tat mir leid, jedenfalls fast. Aber fragen musste ich sie doch.

»Meinst du, er hebt sich für mich auf?«

Sie schaffte es, mit geschlossenen Augen nach dem Funkwecker zu greifen und ihn nach mir zu werfen. Ich konnte gerade noch ausweichen. Den Wecker kriegte stattdessen Metin an den Kopf. Beide reagierten darauf ziemlich sauer. Der Funkwecker gab seinen Geist auf und Metin verließ stehenden Fußes wieder das Schlafzimmer.

Jetzt setzte ich zum letzten Schlag an und ging wieder zurück zu Doris' Bett. »Dann komme ich morgen Mittag zu dir in die Praxis, da können wir mal richtig ausführlich über alles reden, ja?«

Doris starrte ausdruckslos an die Decke. Aber sie konnte gar nicht anders als nicken, denn wer vor Metin ständig die Notwendigkeit der Kommunikation predigte, konnte mich ja nicht einfach wegschicken.

Bevor auch ich mich erschöpft ins Bett fallen ließ, holte ich noch mal das zerfledderte Lexikon aus der Ecke. Ich wollte doch auf mein Gespräch mit Doris vorbereitet sein. Aber so einschläfernd der Autor auch über Schutzfilter, animalische Triebe, Tatreife und seelische Erotik schrieb, ich tat trotzdem kein Auge zu. Irgendwas brummte die ganze Zeit so laut, dass auch Yagmur sich im Bett hin und her wälzte.

Als es wieder *pling* machte, wurde mir klar, was mich vom Schlaf abhielt. Der Computer lief noch. Yagmur hatte scheinbar die ganze Zeit auf die Antwort von Verknallt-in-Neukölln gewartet.

Ich war vor ihr am Computer.

Er akzeptierte, dass sie den Kontakt abbrach. Und niemand war mehr darüber enttäuscht als Yagmur. Das konnte sie natürlich auf keinen Fall zeigen. Aber allein wie sie mit hängenden Schultern in ihr Bett zurückschlich, sagte alles.

»Das wolltest du doch hören.«

Sie nickte kurz mit dem Kopf, bevor sie sich an die Wand drehte. Ich machte den Computer aus und legte mir das Lexikon unters Kopfkissen.

Das muss dann wohl dazu geführt haben, dass ich einen Traum hatte, der nach einer Bestätigung meiner Deutung durch Doris schrie. Unser Gespräch konnte also auf keinen Fall bis nach der Schule warten.

Mama saß schon am Schreibtisch, als ich in ihre Praxis gehetzt kam. Ich hatte den Eindruck, dass sie regelrecht vor mir davonrannte. Bestimmt nur deshalb, weil sie etwas von Cem wusste. Da konnte sie noch so verzweifelt tun.

»Gürkchen. Das ist nicht die Mutterrolle, wie ich sie mir vorgestellt habe. Ich kann nicht mit dir über Cem und Petting reden, wenn ich ihm abends das Essen auf den Tisch stelle.«

Wieso denn nicht? Wir machen doch das Petting nicht am Tisch?

»Du zerstörst damit die unschuldige Atmosphäre unserer Familie.«

Sie konnte also meine Gedanken lesen. Warum klappte das nicht auch bei Cem?

Aber erst mal musste ich ihr von meinem Traum erzählen. Sie wollte ihn nicht hören, aber ich fing trotzdem schon mal an.

Cem stand auf der einen Seite eines tiefen, dunklen Flusses und ich auf der anderen. Das war so etwa wie bei den beiden Königskindern, die nicht zueinanderfinden konnten, weil die alte Nonne sie verriet. Sie blies das Kerzenlicht aus, welches dem Königssohn den Weg zu seiner Angebeteten zeigen sollte, und er ertrank. In meinem Traum brauchte Cem keine Kerze, um über den Fluss zu kommen, denn als er erschien und mich ansah, ging die Sonne auf. Cem und ich sahen uns an. Aber er ging nicht ins Wasser. Und auch ich stand wie gelähmt da. Denn in seiner Brust steckte ein fieses Küchenmesser und aus der Wunde tropfte Blut.

»Ich finde, der Fluss bedeutet, dass Cem und ich lernen müssen zu schwimmen. Also, ich meine, innere Hürden zu überwinden, um endlich für unsere Liebe bereit zu sein.«

Doris stöhnte so, als hätte sie Zahnschmerzen. »Vielleicht bedeutet der Fluss aber auch, dass einer von euch forttreiben wird und einen anderen Partner findet. Denn die erste Liebe ist nichts, worauf man sich versteifen sollte.«

»Du vergisst die Wunde. Ich habe sie ihm zugefügt, weil ich ihn für Axel verlassen habe. Und deshalb muss ich jetzt beweisen, dass ich das Blut, das er wegen mir verliert, auch wert bin. Und das heißt: gemeinsame Entjungferung, Mutter.«

So weit war ich bisher mit meiner Interpretation noch gar nicht gewesen. Aber Doris' Widerstand, ihre ständigen Aufschreie hatten mich zwangsläufig dazu geführt. Das kapierte wohl auch Doris, denn mit einem Schlag wurde sie sachlich.

»Die Symbolbedeutungen haste wohl aus der Bravo, oder was?«

Ich weiß nicht, was Mama wollte. Da ging ich einmal mit den sozialwissenschaftlichen Grundlagen der Humangeografie an die Dinge ran, und dann? War doch egal, woher ich meine Interpretationsinstrumente hatte, oder? Außerdem stand das nicht in der Bravo, sondern in der Pop Rocky. Aber da würde sie eh keine Unterschiede erkennen. Wahrscheinlich musste ich nachsichtig mit ihr sein. Sonst verlor ich noch meinen einzigen Gesprächspartner.

»Gut, dass wir darüber geredet haben. Denn erst jetzt ist mir so richtig klar geworden, dass Cem und ich füreinander gemacht sind.«

Jetzt war ich gewappnet für das Abendessen im Kreise der unschuldigen Familie. Denn ich spürte ganz genau, dass Cem seine Zurückhaltung mir gegenüber nur spielte. Unter seiner Oberfläche brodelte es!

Jetzt konnte ich auch jeden seiner Blicke genau deuten. Ein verliebter Blick. Ein ängstlicher Blick. Ein vorsichtiger Blick. Ein verzehrender Blick. Da, sein Finger wies zu mir! Ein Signal, mit dem er mir unbewusst zeigte, dass ich seine Auserwählte war. Plötzlich schmeckte mir sogar Doris' Essen. Ich stopfte mir eine verbrannte Kartoffel nach der anderen rein und schwebte so lange im siebten Himmel, bis Doris mich brutal unterbrach.

»Lena, hilfst du mir mal mit dem Nachtisch?«

Wie in Trance folgte ich ihr, um ihrem unglaublichen Kochtalent Lob zu zollen, noch bevor ich das Produkt in seiner verkohlten Schönheit zu Gesicht bekam. Aber irgendwie schreckte mich die Art und Weise, wie sie die Küchentür hinter mir zuschlug, auf.

»Ich verbiete es dir!«

Was denn? Dass ich ihren Nachtisch lobe?

»Ich verbiete dir dich an unseren Tisch zu setzen, wenn du nicht aufhörst eine sexuelle Atmosphäre aufzubauen.«

Mein verständnisloser Blick brachte sie wohl erst richtig in Schwung.

»Jetzt reiß dich mal zusammen. Für dich ist das alles nur ein großer Spaß. Deine erste Beziehung. Und dann ausgerechnet mit einem, der ständig in deiner Nähe ist? Und was ist, wenn ihr euch mal trennt? Dann gibt es Krieg. Denkst du vielleicht auch mal an die anderen, die dann davon betroffen sind? Ich wollte eine Familie gründen, in der jeder seinen Platz hat und Frieden und Liebe findet. Und dein Platz kann nicht in Cems Bett sein!«

Sie klang ziemlich verzweifelt. Aber was sie da von mir verlangte, das konnte keine Mutter von ihrer Tochter verlangen. Ich sollte auf Cem verzichten, damit hier Frieden und Harmonie herrschten?

»Du kannst mich mal.«

Die Veränderung in Doris' Gesicht jagte selbst mir ein wenig Angst ein. Doris nahm den Nachtisch – eine Kanne mit Orangensaft – und kippte ihn mir einfach über den Kopf.

»So. Ich kann auch unverschämt sein.«

Da stand ich nun. Von oben bis unten voller eklig-klebrigem Saft. Doris hatte solche Angst, dass ich wirklich in Cem verliebt war, dass sie mich sogar mit ihrem sogenannten Nachtisch übergoss. Sie sah selbst ein bisschen erschrocken aus. Und ich wollte nur noch ins Bad. Egal welche Prothesen da rumlagen.

Am Tisch verstummte jedes Gespräch, als ich tropfnass, den Blick konstant auf den Boden geheftet, an den anderen vorbeizog. Niemand sagte etwas. Doris setzte sich wieder hin und versuchte aufgeräumt zu wirken.

»Alles klar bei euch?«, fragte Metin schließlich vorsichtig in die Stille hinein.

Ich antwortete nicht, denn meine tropfenden Haare sprachen Bände. Stumm schlich ich die Treppen hinauf. Das T-Shirt ließ ich mahnend im Bad liegen. Erst als ich mir die Bettdecke über den Kopf gezogen hatte, brach die Demütigung aus mir heraus. Ich heulte. Bestimmt drei Minuten. Dann zog mir Doris die Decke wieder weg und versuchte meinen Namen so versöhnlich wie möglich auszusprechen. Das konnte sie echt steckenlassen.

Ich riss ihr die Decke aus der Hand und zog sie mir wieder über den Kopf. Was wollte Doris überhaupt hier? Sie nahm mich sowieso nicht ernst. Sie hatte keine Vorstellung, wie es war, wenn alles Tag für Tag wieder wehtut. Und Cem war die ganze Zeit so scheiße zu mir. Ich heulte laut auf.

Doris biss sich auf die Lippen und versuchte mich zu umarmen. Aber ich kugelte mich so zusammen, dass sie keine Chance hatte. Sie konnte mich mal. Sie brauchte NIE wieder die verständnisvolle Mutter zu mimen. Sie war eine verklemmte Spießerin, nichts weiter.

Doris richtete sich auf. Sie spürte, dass sie jetzt nicht mehr an mich rankam. Das traf sie jedes Mal mehr als tausend Worte.

»Zeig mir eine Mutter, die mit so was umgehen kann.«

Dann drehte sie sich um und verließ aufgewühlt das Zimmer.

Jetzt war ich mit meinem Unglück wieder allein. Vielleicht nicht ganz. Denn Yagmur ging es auch nicht besonders. Obwohl sie ja ihren Türken abgeschossen hatte. Und irgendwie hatte Doris' Gesichtsausdruck auch danach ausgesehen, als hätte sie endlich begriffen, wie ernst es mir mit Cem war.

Auch wenn es sie zum Wahnsinn brachte.

Aber das war ja ihr Job. Als Mutter. Und als Therapeutin.

Mit meinem Unglück war ich allerdings bald wieder allein. Als Yagmur nämlich am nächsten Tag ihren Schulspind öffnete, regnete es rote Rosen auf sie herab. Ihr türkischer Verehrer gab nicht auf. Yagmur war so zu beneiden! Sie strahlte, als käme sie direkt aus einem Atomreaktor. Jemand mochte sie. Und er zeigte es ihr mit einem Meer von Rosenblüten. Verknallt-in-Neukölln schien also nicht nur Mustafa Sandal, sondern auch Hildegard Knef zu mögen. Dabei kannte Yagmur das Lied gar nicht und ich musste Opa ganz schön bitten, bis er es ihr vorsang.
Aus Opas Mund klang der Song allerdings ziemlich seltsam.
Ich stellte mir, während Opa sang, vor, wie er mit 16 ausgesehen hatte. Noch ohne Kirschholzprothese und wie er sich wünschte sämtlichen Wundern zu begegnen, groß zu sein und zu siegen und froh zu sein und nie zu lügen. Mein Opa, auf den rote Rosen regneten und der alles oder nichts wollte.
Na ja, er hatte jetzt die Kirschholzprothese und ein Gebiss, das klapperte, wenn er von den roten Rosen sang.
Nach dem Lied verbeugte sich Opa und teilte uns mit, dass er sich vorläufig von uns verabschiedete.
Was war denn mit ihm los?
Nichts. Er wollte nach Rügen, um sich von unserer Fa-

milie zu erholen. Ich überlegte kurz, ob ich ihn nicht begleiten sollte. So wie Mama es aufgenommen hatte, dass ich in Cem verliebt war, und so wie Cem akzeptierte, dass wir füreinander geschaffen waren. Und Yagmur, die nicht mehr aufhörte ihre Verstrahlung unter die Leute zu bringen.
Was hat sie, was ich nicht habe? Sie hat keinen einzigen weiten Ausschnitt, trägt Liebestöter, ist immer nur anständig und nie betrunken und kriegte trotzdem zuerst einen ab. Das ist doch unlogisch, oder?
Und dann hörte ich unten im Flur auch noch Dianas kreischende Stimme. »Lena, Cem, denkt ihr an das Gedicht für Englisch?«
Warum zog die eigentlich nicht gleich bei uns ein? Ich könnte ihr ja mein Zimmer anbieten, wenn ich mit Opa ... Dann fiele wenigstens diese bescheuerte Hausaufgabe flach. Nur weil Diana die völlig absurde Sehnsucht nach einer Familie hatte, mussten wir darüber Gedichte schreiben, wieso uns unsere Familie am Herzen lag. Das tat sie nicht. Und Opa sollte allein nach Rügen fahren, denn wir würden uns wahrscheinlich schon am zweiten Tag gegenseitig vom Kreidefelsen schubsen. Und wenn schon springen, dann wollte ich wenigstens in der Hauptstadt aufschlagen. Also vom Fernsehturm. Ohne Opa.
Natürlich nahm mich Diana wieder als Erste dran. Sie wusste bestimmt, dass ich nichts vorbereitet hatte. Aber es half nichts. Ich sollte nach vorne kommen. Ich weigerte mich und blieb an meinem Platz stehen. Diana

sah mich drohend an. Okay. Sollte sie hören, was ich über meine Familie zu sagen hatte:
»My father is im Dschungel, my brother in der Schweiz, my grandfather in Rügen and my mother ignores me and my big fat problems. That's why I hate my mother and my whole family.«
Ich setzte mich wieder hin. Diana saß mit ihrem fetten Arsch frustriert auf dem Lehrerpult und lächelte gequält. Wahrscheinlich hoffte sie, dass sowieso niemand verstanden hatte, was ich da gesagt hatte.
»Well, that was nice, Lena. And Cem, what about you?«
Handelte sie etwa im Auftrag von Doris, die rauskriegen wollte, wie ihre Kinder zu ihr standen? Dabei hätte ich ihr das gerne auch selbst vorgetragen. Mal sehen, was Cem zu sagen hatte.
Er stand extrem genervt auf. Aber er hatte einen Zettel in der Hand. Cem war vorbereitet! Was war denn mit dem los? Wollte der sich etwa einschleimen?
»Meine Mutter ist tot, mein Vater ist ein Vollidiot und ...«
Diana unterbrach ihn und erinnerte daran, dass dies der Englisch-Unterricht war. Das brachte Cem nur kurz aus der Fassung, dann vollendete er sein Poem.
»... and I hate him.«
So. Das war ja schon mal eine ziemlich vielschichtige Darstellung unserer Familie. Diana schien jedenfalls auch erst einmal genug vom Thema zu haben. Sie ging kommentarlos zur Grammatik über.

Aber am Nachmittag saß sie dann schon wieder bei Doris und Metin auf der Couch, und als ich in die Küche wollte, um was zum Essen zu ergattern, schwiegen alle drei merkwürdig. Wahrscheinlich hatte sie gerade unsere tollen Gedichte zitiert und unsere Problemfamilie an den unabhängigen Schultherapeuten empfohlen. Jedenfalls sah Doris' Zementlächeln ganz danach aus.

Als ich wieder mit meinem Brot aus der Küche kam, hatte sich die große Versammlung aufgelöst, um sich in zwei kleinere Runden zu teilen. Metin stand in Cems Tür und plusterte sich für seine folgende Rede auf. Und Doris saß auf meinem Bett und schleuderte mir ein »Du hasst mich? Wie kannst du so etwas sagen?« entgegen.

Vielleicht sollte ich ihr mal was von lyrischer Freiheit erzählen? Aber davon ganz abgesehen würde ich sie so lange hassen, wie sie mir verbot mit Cem zusammenzukommen.

Doris zuckte mit den Schultern. »Solange Cem nicht mit dir redet, könnt ihr eh nicht zusammenkommen.«

Sie schien mir das erste Mal echt überfordert. Dabei war Doris meine letzte Hoffnung. Wenn sie mich lieben würde, würde sie mir dabei helfen, dass Cem wieder mit mir sprach. Aber stattdessen ging sie einfach und ließ mich allein. Ich musste dringend etwas tun. Irgendwas, das mich ablenkte.

Mein Blick fiel auf den Riesenstapel Bücher, die ich

schon seit Wochen redigieren wollte. Vielleicht war das jetzt genau das Richtige. Leider lag ausgerechnet Rosamunde Pilcher obenauf. Ich weiß gar nicht, wie die bei meinen Büchern gelandet war. Hatte Yagmur mit ihrer Atomlaune damit zu tun?
Jedenfalls kriegte es Frau Pilcher voll ab.
Sehr geehrte Frau Pilcher! Ich hatte in letzter Zeit viel um die Ohren – wie ich ja bereits Inga Lindström schrieb. Aber nun kommt endlich die Kritik, auf die Sie ja vermutlich schon lange warten. Also: Ihr neuer Liebesroman ist an Harmonie und Geborgenheit ja nicht zu übertreffen! Mir war deshalb bis S. 144 durchgehend übel. Und ich muss Ihnen ganz ehrlich sagen, dass so viel Idylle und menschliche Wärme total UNREALISTISCH sind. Wahrscheinlich erreichen Sie nur deshalb eine so breite Leserschaft, weil jeder glaubt, es ginge ihm nach der Lektüre besser. Dabei fühlt man sich danach wie der Ausschuss der Gesellschaft. Scheinbar sind alle anderen so glücklich wie Pilchers Heldinnen, nur man selbst ist einsam und ungeliebt.
Während ich mich so richtig in Rage schrieb, trippelte Yagmur immer wieder um den Schreibtisch herum. Okay. Sie wollte wissen, ob ihr Verknallt-in-Neukölln schon wieder ein Gedicht geschrieben hatte.
Er hatte. Und es klang genauso wie Rosamunde Pilcher. Wahrscheinlich hatte er es auch bei ihr abgeschrieben.
Im Dunkel spielt ein Lied nur für mich und dich. Und wenn es spielt, dann kommt das Licht.
Yagmur kicherte glücklich, als sei es das tollste Gedicht,

das sie je gelesen hatte. Dann stellte sie mir einen Muffin hin. Nicht dass ich Muffins mag. Sie sind einfach keine Madeleines, auch wenn sie ihnen ähnlich sehen, aber wer weiß das schon. Cem hatte mir mal Madeleines geschenkt, Axel auch und mein kleiner Bruder Nille. Aber das war in meinem letzten Leben. Damals, als alles noch aussah, als könnte es auch bei mir so idyllisch und harmonisch wie bei Rosamunde Pilcher werden.

Ich verschlang den Muffin trotzdem. Aber er hatte seinen Preis. Yagmur fragte mich nämlich, ob ich Fantasien hätte.

Ich starrte ins Leere und dachte daran, wie oft ich in den letzten Tagen von einer Ein-Zimmer-Wohnung ganz für mich allein geträumt hatte, in der ich einmal in der Woche ein kurzes, aber ziemlich teures Ferngespräch mit meiner Familie führte. Sie meinte aber Dingsbums … also Liebesfantasien.

Ich atmete mir den restlichen Muffin fast in die Luftröhre. Ich hatte ständig Liebesfantasien!

Ich stellte mir zum Beispiel eine Schlacht mit Cem vor, in der wir beide fast nackt waren und uns verliebt anlächelten, während wir uns statt Gemeinheiten Kissen an den Kopf warfen und …

Yagmur räusperte sich und ich kam zurück in die Realität. Ich pustete eine imaginäre Feder von meiner Schulter und beantwortete Yagmurs Frage.

»Selten. Also … gelegentlich.«

Yagmur wollte wissen, ob der Protagonist meiner Fan-

tasien ein Gesicht hatte, um anschließend zu behaupten, dass es ihr überhaupt nicht darauf ankam, wie jemand aussah. Ich konnte dazu sagen, was ich wollte. Sie blieb bei ihrer absurden Meinung und stellte entsetzt fest, dass alle immerzu von inneren Werten redeten, aber in Wirklichkeit keiner daran glaubte. Dabei sah sie mich als Vertreterin dieser schändlichen Einstellung ziemlich wütend an, verschwand in ihrem Bett und starrte an die Decke.
Ich weiß nicht, warum Yagmur so einfache Wahrheiten unserer Gesellschaft erst jetzt begriff. Aber wenn sie in den nächsten Wochen noch kapierte, dass das Wahlprogramm der CDU und SPD das gleiche war, dann hatte sie den Einbürgerungstest endlich bestanden.
Die Gardinen wehten im offenen Fenster. Draußen kläffte ein Hund. Dann schrie eine Eule. Wir schwiegen immer noch. Aber es lag etwas in der Luft, das mich mit angehaltenem Atem darauf warten ließ, dass Yagmur die Stille brach. Als sie sich endlich dazu durchgerungen hatte, war ich gerade eingenickt. Ich hätte bestimmt einen fantasievollen Traum von mir und Cem geträumt. Aber erst mal erzählte mir Yagmur von ihrem Traum.
Eine hauchende Stimme hatte ihren Namen gerufen. Sie war aufgestanden und hatte fröstelnd das Fenster geschlossen. Durch das gesamte Zimmer verlief eine frische Spur aus Rosenblättern. Als sie zur Tür blickte, sah sie einen männlichen Schatten. Und wieder ertönte die hauchende Stimme und rief ihren Namen. Sie folgte

der Stimme, die sie im dunklen Wohnzimmer fragte, ob sie nicht wissen wollte, wie er aussähe. Und Yagmur hatte den Kopf geschüttelt.

Das quälte sie jetzt so, dass sie nicht einschlafen konnte. In Wirklichkeit wollte sie eben doch wissen, wie er aussah. Und dabei kam sie sich schlecht vor. So schlecht wie ich.

Ihr Traum war aber noch nicht zu Ende. Sie war weiter in unsere Küche geschwebt, die in einem romantischen Licht erstrahlte. Rosenblätter fielen wie Herbstlaub von der Decke. Und da stand er dann. Mit dem Rücken zu ihr. Am Kühlschrank. Ein junger Mann mit schwarzen Haaren und weißem Anzug. Und sosehr ihn Yagmur auch bat – sein Gesicht wandte er ihr nicht zu.

Alles klar. Es musste jemand sein, der sich in unserem Haushalt ziemlich gut auskannte. Denn ich würde auch nicht vom Kühlschrank weggehen, wenn ich Hunger hatte und jemand hinter mir stand.

Okay. Das war definitiv die falsche Interpretation für Yagmur. Jedenfalls schluchzte sie über meine Gefühllosigkeit sofort auf. Ich stand auf und tröstete sie. Es war ja nur ein Traum. Wenn sie Verknallt-in-Neukölln fragte, würde er ihr sein Gesicht bestimmt zeigen.

Yagmur war so erschöpft, dass sie nach drei Minuten Tröstung schnarchte. Während ich wach lag und weiter auf das Hundekläffen und die Eulenschreie lauschte. Ich hatte auch solche Sehnsucht, getröstet zu werden. Aber so was blieb für mich nichts weiter als ein Traum.

Kapitel 8
Das, in dem Träume wahr werden

Der nächste Morgen fing schon ganz erstaunlich an. Gegen halb sieben öffnete Opa vorsichtig unsere Tür. Ehrlich gesagt hätte ich ihn fast nicht erkannt, weil er seinem sowieso schon abartigen Outfit noch einiges an Untragbarem hinzugefügt hatte. Einen Poncho mit Fledermausärmeln, einen Regenhut und Regenschuhe, Lederhandschuhe und einen riesigen Lederkoffer. Er winkte mir kurz zu, in seinen Augen blitzte Freude und Abenteuerlust. Dann war er verschwunden.
Ich war gerade wieder eingeschlafen, als Yagmur aus ihrem Bett sprang. Sie stürzte sich nicht wie gewohnt auf ihren Teppich, sondern auf mich und nahm mich in den Arm. Allerdings nur ganz kurz, dann verabschiedete sie sich schnell, um mindestens drei Stunden beten zu gehen. Das würde sie bestimmt weiterbringen im Leben, als schmachtend vor dem Bildschirm zu sitzen. Und ihren Traummann, stellte sie fest, bevor sie verschwand, gab es sowieso nicht. Klarer Fall, sie hatte Angst vor ihren eigenen Wünschen.
Beim Frühstück reichte mir Doris ein Päckchen von Opa. Er war tatsächlich gegangen und hatte mir seine DVD ›Der Untergang‹ hinterlassen. Scheinbar war er der Einzige, der wirklich wusste, wie es mir ging. Als Doris den Titel sah, wurde sie sofort aktiv.
»Du hast heute schulfrei. Wir verbringen den Tag zusammen.«

Dann marschierte sie in die Küche und kam mit einer Flasche Prosecco zurück. Als Nächstes schleppte sie einen Stapel Liebesfilme an. ›Die unerträgliche Leichtigkeit des Seins‹, ›Jenseits von Afrika‹, ›Sinn und Sinnlichkeit‹, ›Romeo + Juliet‹, ›Casablanca‹, ›Vom Winde verweht‹, ›Die fabelhafte Welt der Amélie‹ und ›King Kong‹.
Mit diesem Programm würde ich lässig um die Doppelstunde Englisch und eine Lateinklausur herumkommen. Uah. Und zum Glück auch um Werken.
Doris hatte inzwischen das beste aller Argumente klargemacht. Ein jungfräuliches Glas Nutella.
Okay. Was gab es da noch zu überlegen?!
»Wenn du schon Liebeskummer hast, dann bitte unter professioneller Aufsicht.«
Ich zögerte. Aber nur, um Doris ihre Gemeinheiten der letzten Tage heimzuzahlen. Sollte sie mich ruhig bittend ansehen.
»Na ja, ich bin mal nicht so.«
Und nachdem Doris den ersten Schluck Prosecco intus hatte, erzählte sie mir von ihrem Freund, dem Fußballer Klaus, der sie verlassen hatte und dem sie ein Liebesgedicht durch den Lautsprecher aufs Fußballfeld gestöhnt hatte. Seine Mannschaft verlor und danach hat er nie wieder mit ihr geredet. Nie wieder ein Wort.
Das hatte sie mir noch nie erzählt.
»Du erzählst mir doch auch nicht alles.« Doris lächelte mich an.

Und ich musste ihr einfach verzeihen. »Auf uns. Und die emotionalen Tiefpunkte unseres Lebens.«
Wir stießen an.
Und dann ging es an die Filmauswahl. Jeder, aber auch wirklich jeder der Schauspieler erinnerte mich an Cemil Öztürk.
Er war so verzweifelt wie Humphrey Bogart, ein Großwildjäger wie Robert Redford, ein Womanizer wie Clark Gable, so ehrenhaft wie Hugh Grant, so entschlossen wie Leonardo DiCaprio und so süß wie King Kong.
Ich griff als Erstes zu ›Romeo + Juliet‹, weil Julia ja auch Jungfrau war und ihr, wie mir, keiner glaubte, dass Romeo der Richtige war.
»Die sterben aber beide am Ende«, wandte Doris vorsichtig ein.
»Dann machen wir eben ein Remake. Mit Happy End. Auf jeden Fall mit Happy End!«
Dabei sah ich Doris an und wartete auf ihre Unterstützung. Ich machte mein bestes Hunde-Gesicht, hob die ›Pfoten‹ und winselte. Doris' Eispanzer bröckelte. Endlich.
»Erst mal müssten wir überlegen, was Cem und du für Regeln einzuhalten hättet, wenn ihr euch in diesem Haus ...«
Höre ich da eine Nachtigall, die auch Julia einst den tagenden Morgen angekündigt hat? Oder eine Lerche, die nach einem langen Winter den Frühling besingt?
Es war meine Mutter, die mich scheinbar DOCH liebte.

Ich sprang auf und holte einen Stift.

Es waren insgesamt 18 Regeln zu beachten. Und immer wieder betonte Doris, dass unser Haus ein Haus mit Anstand und Moral sei.

Okay. Wir werden keine Erotikfilme im Wohnzimmer drehen.

Es gab nur ein Problem. Ein nahezu vernachlässigbarer Punkt, wenn man die 18 Anweisungen meiner Mutter betrachtete. Aber er schob sich hartnäckig in den Vordergrund und störte unsere harmonische Prosecco-Seligkeit.

»Gut. Und jetzt müssten Cem und ich halt nur noch zusammenkommen.«

Wir setzten uns beide in Denkerpose aufs Sofa und dachten nach.

Ich muss darüber eingeschlafen sein.

Doris auch.

Scheiße, das war echt enttäuschend.

Als ich mich bewegte, wachte Doris auf. Sie sah mir meine Enttäuschung wohl an, denn sie nahm sofort Haltung an.

»Ich werde dir helfen. Weil ich eine gute Mutter bin. Eine noch bessere als Ursula von der Leyen.«

Als ich wissen wollte, wie sie das anstellen würde – schließlich legt U.v.d.L. als Familienministerin und Mutter von sieben die Latte doch recht hoch –, hielt sich Doris allerdings noch bedeckt. Ich sollte erst aufräumen und abwaschen.

Okay. Für ihre Hilfe hätte ich auch das ganze Haus neu

gestrichen. Gut, dass ihr das nicht so klar war, sonst hätte sie es wahrscheinlich noch von mir verlangt.

Hektisch begann ich mit dem Aufräumen, während sich Doris mit ihrem Proseccoglas auf dem Sofa zurücklehnte. Als ich meinen Teil erledigt hatte, war auch sie so weit.

»Wenn Cem wirklich so ein unschuldiger, süßer Affe wie King Kong ist, dann gibt es eigentlich nichts, was gegen euch spricht.«

Ich umarmte Doris, so fest ich konnte, und schnappte mein Proseccoglas, um anzustoßen. Doch dann verriet sie mir, wie sie Cem und mich verkuppeln wollte.

Das schamanische Liebesritual.

Ich ließ das Glas abrupt fallen. Doris strahlte mich weiter an.

»Du wirst die Erste sein, die ihn lieben darf. Und alles dank mir.«

Wie bin ich bloß auf die idiotische Idee gekommen, meine Mutter um Hilfe zu bitten?

Ich verließ fluchtartig das Zimmer. Aber vorher verdonnerte mich Doris noch zu einem Treffen in einer Stunde.

Im Flur standen Cem und Metin und umarmten einander.

»Bist schon okay, Kai Pflaume«, sagte Cem und klopfte Metin auf den Rücken.

Was war denn hier los? Hatte Doris etwa schon mit dem Liebesritual begonnen? Ich schaute die beiden prüfend an.

Metin behauptete stotternd, dass er mit Cem Verkehrserziehung geübt hätte.
Hallo? Das hatten wir ja wohl schon in der vierten Klasse!
Cem hatte also auch Englisch geschwänzt. Und da war was in seinem Blick, das irgendwie nach gammligem Käse roch. Oder hatten die bei der Verkehrserziehung auch Alkohol getrunken?
Ich zog mich jedenfalls erst mal so elegant wie möglich zurück.
Allerdings mit dem zweifelhaften Erfolg, Yagmur bescheuert vor sich hin grinsend in unserem Zimmer vorzufinden. Eigentlich durfte sie ja gar keinen Alkohol trinken, aber irgendwie machte sie den Eindruck, als hätte auch sie mehr als ein Glas Prosecco intus.
Sie seufzte und presste irgendwas Rotes, Verfilztes an ihre Brust. Es war ein selbst gehäkeltes Herz. Das hatte sie für ihren Traummann gemacht. Nachdem sie ihn auf dem Schulhof gesehen hatte. Wenn das so weiterging, würde keiner von uns das Abitur schaffen.
Stopp. Zurück. Sie hat ihren Traummann gesehen?!
Yagmur nickte beglückt.
Er war ungefähr 1,75 groß. Dunkelhaarig. Und bestimmt sehr sportlich. Auf jeden Fall mit Knack-Po. Wie der junge Atatürk. Für diesen Ausdruck entschuldigte sie sich allerdings gleich wieder. Danach zählte sie eher die sogenannten inneren Werte auf: intelligent, gläubig, überdurchschnittlich sensibel. Und er spielte leidenschaftlich gerne Schach. Keine Ahnung, wie man so etwas sehen konnte.

»Und worüber habt ihr geredet?«
Yagmur fiel fast vom Bett. Sie hatten natürlich überhaupt nicht geredet. Sich nur ganz höflich angelächelt und dann war Yagmur auf einmal wie gelähmt gewesen. Und während dieser scheinbar etwas länger anhaltenden Lähmung war der Traummann gegangen.
Sie hatte null Peilung, wohin. Nicht in welche Klasse, und überhaupt keine Vorstellung, wie sie ihn je wiedertreffen sollte. Aber das machte sie nicht im Mindesten unsicher. Sie würde ihn im Chat fragen.
Ich brauchte ein bisschen, bis ich diese logische Glanzleistung kapierte. Yagmur ging allen Ernstes davon aus, dass Verknallt-in-Neukölln und ihr Traummann vom Schulhof derselbe waren. Sie wunderte sich sogar, dass ich darüber nur eine Sekunde nachdachte. Ihre absolute Sicherheit nahm sie daher, dass er sie total freundlich angelächelt hatte. Wenn ich mir das genau überlegte, hieß das wahrscheinlich, dass sie noch nie ein Typ angelächelt hatte. Oder sie hatte noch nie nie nie ein Lächeln registriert.
Draußen klopfte es. Das war Doris. Die Stunde Schonfrist war um. Ich sollte auf den Dachboden kommen. Dort würden die ersten Vorbereitungen für das Liebesritual stattfinden.
Und ich ging mit.
Doris hatte bereits einen altertümlichen Fotoapparat auf ein Stativ gesteckt. Damit wollte sie meine Aura fotografieren. Sie behauptete, die Aura-Analyse sei ein üblicher Weg der Glücksfindung.

Wahrscheinlich üblich unter Geisteskranken.
Dabei hatte ich gedacht, dass wir was Schamanisches machen würden. Was mit Kaulquappen oder so.
Aber Doris teilte mir mit, dass sie die Auraanalyse brauchte, um überhaupt zu wissen, wo sie schamanisch ansetzen sollte.
Immer wenn man glaubt den Zenit von Doris' geistiger Verwirrung bereits erlebt zu haben, setzt sie noch einen drauf.
Bevor ich mich weiter in diesen Gedanken vertiefen konnte, blitzte es farbig, und ich blinzelte wie erblindet mit den Augen.
Die nächste Aufgabe war schon ein bisschen schwieriger. Wir mussten Cems Aura fotografieren. Das ging nur mitten in der Nacht. Wir klopften leise bei ihm an. Als er keine Antwort gab, öffnete Doris vorsichtig die Tür. Cem schlief, aber nicht allein. Er hatte Rosamunde Pilcher im Arm!
Was ist denn mit dem los?
Doch Mama ließ sich von nichts ablenken. Sie stellte sich etwas x-beinig auf einen Stuhl und fotografierte Cem von oben. Als es blitzte, wurde er unruhig und murmelte: »Wir müssen nach Cantersville, Gräfin Sherman. Bevor der Winter kommt. Und die Ernte verdirbt.«
Das stand auf Seite 144. Ich erinnerte mich, dass ich auch genau an dieser Stelle eingeschlafen war. Als Doris fragte, ob ich verstanden hätte, was Cem da gemurmelt hatte, zuckte ich aber nur mit den Schultern. Keine Ahnung. Pilcher halt.
Doris wollte gleich los, um den Film so schnell wie

möglich entwickeln zu lassen, doch ich ging noch mal zu Cem zurück und zog seine Decke ein Stück hoch. In diesem Augenblick griff er danach und hielt dabei meinen Finger fest. Das war so nieeedlich. Aber noch ehe ich mich diesen Gefühlen ganz hingeben konnte, haute mir Doris schon auf die Finger und zog mich brutal aus dem Zimmer.

Und jetzt hieß es nur noch abwarten und Fingernägel kauen, bis Mutti mit den Abzügen wieder da war.

Das ging schneller, als ich dachte. Sie hatte da wohl ihre Beziehungen. Ihre Patienten saßen scheinbar überall.

In der Küche musterten wir die Fotos. Da war ich zu sehen und um mich herum ein ausgefranster Regenbogen. Cems Bild dagegen war ein bisschen heller. Und? Was sagte uns das nun?

»Hier im Strahlenkranz, der helle Bogen. Das sind eure jungfräulichen Tendenzen. Und wie man hier sehen kann, hat Cem ganz tolle Lohen.«

Lohen?

»Na, eine ganz unschuldige Romantiker-Aura.«

Das klingt süß. »Aber wie soll da jetzt was zusammenpassen?«

Doris seufzte. Sie schien ein bisschen hilflos. Ich hätte sie am liebsten gerüttelt, denn das genau war ja der Sinn der Übung! Aber Doris starrte eine Weile wortlos auf unsere beiden Fotos, ehe sie sich äußerte.

»Bei dir findet sich hier ...«, sie zeigte auf eine kleine dunkle Stelle, »... eine Negativ-Konzentration. Hier im Gamma-Bereich.«

Aha. Der Gamma-Bereich – das alte Problem ...
»Deine Aura hat nichts, was Cem anziehen könnte. Du strahlst nicht. Außerdem bist du nicht im Gleichgewicht.«
Wie soll denn bei ihrem schlechten Essen mein Gleichgewicht stabil sein?
Doris ahnte wohl, was ich dachte, denn sie sah mich streng von der Seite an. Ich heuchelte ein wenig mehr Interesse und fragte sie, welches Potenzial denn in so einer Aura liegen würde.
Sofort wieder versöhnt lächelte Doris verklärt. »Sie kann so einladend sein wie ein Sonnenaufgang, so elegant wie ein Ballett. Ein Mensch mit einer strahlenden Aura kommt in einen Raum und es wird Sommer.«
Ich war beeindruckt. So was wollte ich auch haben!!!
»Und damit kommen wir zu deinem Krafttier.«
»Nicht schon wieder der Kranich!«
Aber Doris kannte keine Gnade. Sie packte mich beinahe schmerzhaft am Arm und hielt mich fest.
»Deine Aura ist eine Schildkröten-Aura. Die Schildkröte muss aber endlich aus ihrem Panzer hervorkriechen und ein Kranich werden, der mit seinen Flügeln schlägt. Dann öffnet sich deine Aura. Und Cem liegt dir zu Füßen.«
Ich sah auf meine Uhr. »So, jetzt kommen gleich die Männer und bringen dich zurück, Mama.«
Doris guckte ziemlich beleidigt. »Das ist vermutlich deine einzige Chance. – Aber du hast ja noch nie gerne an dir gearbeitet.«

Damit verließ sie die Küche. Ihr Gesicht sprach Bände.
Schön, dass ich keine Alternative habe.
Es blieb mir also nichts anderes übrig, als Doris kleinlaut zu folgen und Interesse zu heucheln. »Äh, wie war das noch mal mit der Schildkröte?«
Diesmal war es nicht so einfach, Doris zu besänftigen. Aber weil sie in jeder Lebenslage das Bedürfnis verspürt, Vorträge zu halten, brauchte ich am Ende doch nicht mehr als eine Minute.
Es wurde jedenfalls noch eine lange Nacht.
Bevor ich endlich ins Bett gehen konnte, entdeckte ich an meinem Fenster ein hingehauchtes Herz, bei dem mein Herz gleich einen Sprung machte. War das Cem gewesen? Aber mein Verstand arbeitete noch und so entschied ich, dass das bestimmt Yagmurs Werk war. Yagmur, die vorm Einschlafen an ihren Traummann gedacht hatte.
Am nächsten Morgen konnte ich vor Aufregung gar nichts essen. Ich rannte auch als Erste los, nicht ohne von Doris noch gründlich abgeknutscht zu werden.
Auf dem Schulflur erwartete ich Cem. Mein Plan besagte, dass er ganz alleine auf dem Flur sein musste, was meistens sowieso der Fall war, weil er immer zu spät kam. Zum Glück traf das auch heute zu. Es hatte schon längst geklingelt, da kam er mit wippendem Gang, die Hände in den Taschen, auf dem Gesicht sein in sich gekehrtes, selbstzufriedenes Lächeln.
Ich muss wahrlich verzweifelt sein, wenn ich das hier bringe.
Okay, jetzt gab es sowieso kein Zurück mehr.

Ich warf meinen Panzer ab. Das hieß, ich machte eine große Geste und ließ symbolisch die Steine von meiner Seele fallen. Und dann konzentrierte ich mich genau auf die Anweisungen von Doris.

Zuerst sollte ich die Energie der Elemente spüren. FEUER. Ich guckte, so heiß ich gucken konnte. Dann WASSER. Ich guckte cool.

Cem war jetzt in Blicknähe. Er schaute mich irritiert an und ließ einen Zettel, auf den er bisher gestarrt hatte, sinken.

Jetzt LUFT. Ich fächelte mir vorsichtig die gute Schulflurluft zu.

Cem wurde langsamer. Die Fragezeichen in seinen Augen sprangen mich förmlich an. Aber in meinem Kopf schrie Doris: ERDE, und ich gehorchte mechanisch ihren Anweisungen. Ich ging in die Hocke und berührte den Boden.

Cem blieb wie angewurzelt vor mir stehen. Es wirkte also!

Ich umarmte ihn mit meiner Aura. Jetzt standen wir uns fast Auge in Auge gegenüber. Und Doris kommandierte weiter: LASS DEIN KRAFTTIER ZU. SEI DER KRANICH: FLIEG.

»Hi …«, sagte ich und klapperte mit meinen Augenlidern wie der Kranich mit seinen Flügeln.

Und jetzt, so hatte mir Doris erklärt, sollten unsere Auren verschmelzen. Aber dafür musste ich mit den Flügeln schlagen, um mit meinem Krafttier meine Aura in Cems Aura zu schleudern.

Seltsamerweise fing Cem an zu stottern. So hatte ich mir unser Verschmelzen nicht vorgestellt!

»Hi ... Ich wollte dir ...«

Ich stellte mich auf ein Bein, um ihm in der Hülle meines Krafttieres zuhören zu können. Aber er glotzte nur irritiert und kam mit seinem Satz überhaupt nicht zu Ende.

»Was machst du da?«, fragte er und zeigte auf mein Bein.

»Nichts.«

Wenn er so fragte, dann verschmolz hier noch gar nichts. Er schien sich auch gar nicht auf mich zu konzentrieren ...

»Also, ich verrate dir jetzt, wieso ich heute Abend ... äh, ich meine, heute Morgen hierhergekommen bin ...«

Das läuft nicht gut. Es ist doch klar, warum er hierhergekommen war! Weil es in Deutschland immer noch die Schulpflicht gibt!

Ich musste etwas tun! Die Verschmelzung funktionierte nicht! Also schloss ich die Augen, holte tief Luft und machte meinen Kranichschrei. Und der ließ Cem endgültig verstummen.

»Was ist, sag schon!«

Aber er sagte nichts, sondern glotzte mich an.

Warum sagte dieser Idiot nichts?

Doris' Stimme hallte wieder durch meinen Kopf: Der Panzer darf nicht zurückkehren! Wirf ihn notfalls zweimal ab.

Okay, Mama. Ich mach alles, was du sagst. Cem soll mich nur nicht mehr so bescheuert angucken.

Aber als der Panzer das zweite Mal gefallen war, drehte sich Cem um und ging. Er wünschte mir zwar noch alles Gute, aber was davon zu halten war, konnte man deutlich an seinem Gesicht sehen.

Die wenigen Sekunden, die mir noch blieben, bis er endgültig in der Klasse verschwunden war, versuchte ich unsere Aurenverschmelzung zu reanimieren. Erde, Feuer, Luft, Wasser. Aber es half nichts. Cem drehte sich nicht mehr um.

Vor Wut, Enttäuschung und Traurigkeit stürzte ich mich auf die Erde, heulte Rotz und Wasser, spie Feuer und japste nach Luft. Und das so lange, bis mir jemand auf die Schulter klopfte.

»Hast du was?«

Sie guckte bei dieser Frage so mildtätig, als sei sie zwecks neuem Familienanschluss irgendeiner Sekte beigetreten.

Klar hab ich was. Die falsche Mutter.

Aber das ging Diana nichts an. Ich stand auf und stampfte wütend in die Klasse.

Genauso wütend warf ich mich auch nachmittags bei Doris auf die Liege. Und ihr fragender Blick brachte mich sofort wieder tierisch auf die Palme.

»Was los ist? Er hat mich angekuckt, als ob ich geisteskrank bin. Und dann ist er wieder gegangen.«

Doris glaubte mir nicht, sondern unterstellte mir, dass ich meine Aura nicht wirklich geöffnet hätte.

»Mama, ich habe meinen Panzer symbolisch fallen lassen. Ich habe mich vor den Elementen verneigt. Und ich habe mich auf mein Kranichbein gestellt. Ich habe also alles gemacht, was du mir gesagt hast. Und dabei sah ich dämlicher als das MDR-Fernsehballett aus. Ich versteh selber nicht, warum ich immer wieder auf deine Tipps reinfalle.«

Doris erklärte mir noch einmal, dass das jahrtausendealte Rituale waren und der Fehler bei mir liegen musste. »Vielleicht hast du nicht richtig gestrahlt?«

»Ich bin, verdammt noch mal, kein Atomkraftwerk.«

Ich musste Doris endlich als Beziehungs-Doktorin feuern. Und dann würde ich ein Video machen, auf dem ich Cem meine Liebe gestand, und es ihm geben.

»Als Schildkröte? Tu das bloß nicht.«

»SCHILDKRÖTEN KÖNNEN KEINE VIDEOS AUFNEHMEN!«

Ich sprang von der Liege. Aber so einfach ließ mich Doris nicht gehen. Sie war so froh endlich mal wieder ein Projekt mit mir zu haben, dass sie sich nicht ohne Protest kündigen ließ.

Was sollte ich machen? Ich bot ihr also gnädig an, dass sie Cem mein Video überbringen konnte. Und selbst an diesem hingeworfenen Knochen nagte sie voller Glück.

»Ich kann Amor sein? Der Bote der Liebe? Ooooh, das wird so romantisch mit euch. Wie in La Bumm.«

Ich hatte keine Lust, ihr zum tausendsten Mal zu sagen,

dass La Boum ›Die Fete‹ hieß. Ich glaube, sie wusste das auch und sprach es mit Absicht falsch aus, damit ich mich über etwas anderes aufregen konnte als über die misslungene Vorstellung von heute Morgen. Aber irgendwie wunderte ich mich schon, wie scharf sie darauf war, uns zusammenzubringen.

»Wenn eine Beziehung, dann lieber mit Cem als mit einem Jungen, der nur mit dir spielt. Und dich verletzt« war ihr Argument.

Okay. Sie ist wieder im Boot. Wir sind ein Team.

Ich nahm Doris dankbar in den Arm. Und dafür fühlte Doris meine Aura schon wieder ein bisschen erstarkt. Ich musste lachen. Na, immerhin besser als heulen, oder?

Nur deshalb, aber auch wirklich nur deshalb konnte ich die Strahlung meines benachbarten Atomkraftwerkes Yagmur aushalten. Verknallt-in-Neukölln hatte ihr schon wieder geschrieben.

»Er ist ein Dichter«, jubelte Yagmur.

Wenigstens klang seine Poesie jetzt besser. Dafür war sie komplett unverständlich. Er schrieb: »Ohne dich wären die tiefen Gefühle von heute nur die unendlich leere Hülle der Gefühle von damals.«

Was sollte das denn bedeuten? Yagmur war das egal. Die reagierte auf Schlüsselworte, wie ›tief‹ und ›Gefühle‹ und ›unendlich‹. Aber das Ganze ergab keinen Sinn. Außerdem hatte ich das schon mal gehört. Und es konnte gar nicht so lange her sein, denn lange konnte man sich solchen Schwachsinn doch gar nicht merken. Vielleicht sollte ich Doris fragen, die hatte ja eine Vorliebe für eine etwas kompliziertere Ausdrucksweise.

Aber erst mal musste ich das Video für Cem fertig machen. Sollte ich ihm vielleicht den Satz von Yagmurs Lover sagen? Besser nicht, denn möglicherweise verstand Cem nicht einmal die Schlüsselworte. Dass ich überhaupt darüber nachdachte, zeigte mir mal wieder, dass Liebe die große Kunst war, den anderen so zu sehen, wie er nicht ist.

Als ich Cem dann endlich auf das Band sprach, dass ich ihn liebte und mit ihm zusammen sein wollte, musste ich an Axel denken. Blöder Moment, stimmt, aber es fühlte sich ziemlich schrecklich an, etwas so Wichtiges zu sagen, ohne wirklich zu wissen, was Cem damit machen würde. Wie Axel, der mir ja auch so nah gewesen war und der mich total verarscht hatte, könnte Cem ja einen lustigen Videoabend mit Costa ansetzen und sich über mich totlachen. Selbst ein Brief war irgendwie anonymer, denn wer ihn las, hörte nicht deine Stimme und sah nicht dein Gesicht. Ich kam mir ganz nackt vor. Und das machte mir Angst.

Als Doris klopfte, um die Kassette abzuholen, sah sie auch ziemlich blass aus. Mir schlug das Herz bis zum Hals. Zögernd gab ich Amor Doris die Videokassette.

»Mama, du würdest es doch merken, wenn Cem mich verarschen will? Oder wenn irgendwas nicht stimmt ...«

Doris versicherte mir hoch und heilig, dass sie es mer-

ken würde. Aber ihre Stimme klang so brüchig, so angeknackst, dass ich daran ernste Zweifel hatte.
»Du hast jedenfalls mein Glück in der Hand.«
Mein Lachen klang falsch und ich fühlte mich, als hätte ich gerade eine lange, schwere Krankheit überstanden. Schwach und verletzlich. Dabei konnte von Überstanden noch überhaupt keine Rede sein. Noch gar keine Rede. Jetzt lagen erst mal qualvolle Stunden des Wartens vor mir.
Ich knallte mich aufs Bett und roch an einem T-Shirt von Cem, das ich aus der Wäschetruhe im Bad geklaut hatte. Als ich seinen Geruch einatmete (und den aller anderen stinkenden Wäscheteile), wurde mir leichter zu Mute. Ich glaube, ich fühlte den Kranich in mir. Ich war stark. Ich war schön. Ich war selbstbewusst. Ich war Lena. Ich liebte. Und auch meine innigsten Träume wurden wahr.
Jedenfalls so lange, bis Doris wiederkam.

Cem wollte mich nicht mehr.
Und ich brauchte fast ein ganzes Wochenende, um Doris zu fragen, warum.
Mama wirkte zwar immer noch ein wenig blass, aber auch entschlossen. »Sieh mal, Gurke, du bist ein so anständiges, normales Mädchen und wir wissen ja beide, dass ein Junge wie Cem eher mit kleinen, proletarisch angehauchten ...«
»Schlampen?«, ergänzte Tante Diana, die mit ihr bestimmt das dritte Stück Kuchen aß.
Was haben die hier eigentlich ständig zu besprechen?
Aber Doris ließ sich von niemand den Satz beenden.
»... Mädchen wie Ching rumhängt.«
Eine Weile war es ganz still. Ich dachte nach.
Ich dachte immer noch nach.
Und nach Ewigkeiten verstand ich.
LAAANGWEEEIIILIG! Das war ich in Cems Augen.
In unserem Zimmer legte ich mich auf den Fußboden.
Und dachte immer wieder daran, was Cem von mir hielt.
So fand mich Doris. Und sie fand auch das kleine Foto von Cem, auf dem ich lag.
»Weißt du, wie *ich* durch Trennungsphasen komme? Vernichtung aller Reliquien. T-Shirts, Kassetten, Fotos.«

Sie hatte den Satz noch nicht richtig fertig gesprochen, da war Cems Foto schon ein Haufen kleiner Schnipsel.

Ich heulte wie eine Angestochene auf. »Jetzt hast du ihn kaputt gemacht!«

Doris versuchte mich hochzuziehen. Aber ich war ein langweiliger nasser Sack, der nicht von der Stelle zu bewegen war. Also bemühte sie sich mir motivierend in die Augen zu sehen.

»Verjage ihn aus deinem Herzen, bevor er darin Schaden anrichtet!«, sagte sie beschwörend.

Sie war es auch, die einen Müllsack holte und alles reinsteckte: das T-Shirt, meine Kassette, die Fotoschnipsel. Danach klatschte sie in die Hände. Sie wirkte fast so fröhlich wie in dem Augenblick, als ich ihr das Video für Cem in die Hand drückte.

Das Video. Ich schmiss mich wieder auf den Boden. LANGWEILIG!

Doris versuchte erneut mich aufzurichten, indem sie anbot mir etwas zu essen zu machen.

Dabei dachte ich, sie wünscht sich, dass es mir wieder besser geht!

Doris zog sich zurück. Hoffentlich nicht wirklich, um zu kochen.

Und ich schleppte alles, wirklich alles, was mir wichtig war, in den Müll.

Kapitel 9
Das, in dem ich nicht langweilig bin

Es gab Essen. Das Einzige, was ich genau erkennen konnte, waren Kartoffeln. Ich holte mir Senf, Mayonnaise und Curryketchup aus der Küche und schmierte von allem auf die Kartoffeln. Erst ein bisschen und dann immer mehr.
Cem sah mir angewidert zu. »Ihh, das ist voll eklig.«
»Neee, das ist mal was ANDERES.«
Cem guckte. Und ich fühlte mich sehr unkonventionell. Nur essen musste ich es noch können. Es war genauso, wie Cem gesagt hatte.
Aber ich blieb cool. »Viele wissen ja gar nicht, wie scharf ich es mag.«
Dabei versuchte ich nicht zu atmen, damit mir die Schärfe nicht die Tränen ins Gesicht trieb. Aber sie kamen, obwohl ich nicht atmete. Also lächelte ich gequält und tauchte kurz unter den Tisch, um mir dort panisch den Mund abzuwischen.
Niemand registrierte das so richtig, denn Doris und Metin hatten gerade irgendein Eifersuchtsding laufen. Seit Metin seine attraktive Kollegin Gabi abgeholt hatte, war Doris nicht mehr wiederzuerkennen. Gabi war Thema Nummer eins. Sie wollte alles über sie wissen. Gerade fragte sie, wie Gabi mit den ganzen Männern auf dem Revier klarkam.
Das schien mir ein guter Moment, um mein neues, nicht langweiliges Ich wieder ins Gespräch zu bringen.

»Also ich komme gut mit Jungs klar. Andere Mädchen bremsen ja eher, aber ich bin echt der Indiana Jones unter den Mädchen.«
Wieder lief ich ins Leere.
Also war es Zeit, ihnen allen zu zeigen, was ich draufhatte. Ich stand auf und poste. Ich hatte mir nämlich die Hose am Arsch aufgeschnitten und so meine Arschbacken sichtbar gemacht.
Wenigstens guckten sie jetzt.
»Muss das da am Po sein? Die Girlie-Phase hattest du doch schon mit 12. Bitte programmier nicht wieder Viva auf die Drei.«
Endlich ging die Diskussion in die richtige Richtung.
»Mutter, ich bin nun mal keine graue Maus und führe ein wildes Leben. Aus mir wird garantiert nicht eine so öde Familienmutter wie du.«
Klar, dass sie beleidigt war.
Dass auch Cem darauf reagierte, indem er irritiert starrte, war neu. Aber es war ja genau das, was ich wollte. Leider konnte ich jetzt nicht am Tisch stehen bleiben und seinen Blick genießen, denn das wäre voll uncool.
Jetzt musste ein Plan her. Ein Plan, wie ich mein Leben dauerhaft aufregend gestalten konnte. Bestimmt nicht, indem ich weiter im stillen Kämmerlein Bestsellerrezensionen schrieb und sonntags Madeleines buk. Ich brauchte eine Bühne. Eine Bühne, auf der ich mich und meinen aufregenden Charakter inszenieren konnte. Die Theater-AG!

Ich guckte gleich auf der Website unserer Schule nach. Es wurden ständig neue Talente gesucht und Termin war morgen. Endlich standen meine Unternehmungen mal unter einem guten Stern. Davon inspiriert stellte ich mir gleich mein neues Outfit für den nächsten Tag zusammen: kaputte Jeans, mein selbst genähtes Oberteil und die Porno-Sonnenbrille vom Polenmarkt.
Als ich mich am nächsten Tag dem Raum der Theater-AG näherte, gab es eine Menge Gekicher. Sollten sie. Sie waren nicht mal so aufregend wie mein kleinster Zeh.
Leider verhinderte eine geschlossene Tür den fulminanten Start meiner Bühnenkarriere.
»Theater AG fällt aus.«
Ich drehte mich um.
Da stand Malte. Malte aus dem Kindergarten. Wir hatten uns Ewigkeiten nicht gesehen. Aber er lächelte mich immer noch auf die gleiche Weise an. Ein bisschen spöttisch, ein bisschen traurig, ein bisschen verliebt.
»Sans toi les émotions d'aujourd'hui ne seraient que la peau morte des émotions d'autrefois.«
Ah, stimmt, Maltes Mutter war Französin. Mit seinem Halbfranzosencharme versuchte er immer bei den Mädchen zu punkten.
»Without you, today's emotions would be the scurf of yesterday's«, wiederholte Malte jetzt auf Englisch.
Damit wollte er mir wahrscheinlich sagen, dass er ein Jahr in Bristol gewesen war und das Essen dort dem von Doris glich. Aber bei ihm hatte sich das positiv aus-

gewirkt. Er sah viel besser aus. Früher war er schwabbelig, selbst sein Haar glänzte fettig. Aber jetzt hatte er mindestens 20 Kilo abgenommen.

Mich interessierte vor allem brennend, was er da gesagt hatte. Die Emotionen von morgen und die leere Hülle von gestern. Das war doch der Spruch von Verknallt-in-Neukölln. War Malte etwa Yagmurs Chatter? Er war zwar schwarzhaarig, aber in allen Punkten definitiv das Gegenteil von dem, was Yagmur erwartete. Ich beschloss wachsam zu sein.

Aber erst mal war es schön, ihn wiederzusehen.

Das fand Cem überhaupt nicht. Er band sich nämlich am anderen Ende des Raumes extrem langsam seine Schnürsenkel zu und musterte Malte dabei unverhohlen.

Das war so auffällig, dass Malte mich fragte, ob ich ihn kenne.

»Nö.«

»Dafür, dass du ihn nicht kennst, platzt er aber gleich vor Eifersucht.«

Ja? Und was tut Paris Hilton, um nicht langweilig rüberzukommen? Ach richtig.

Ich packte Malte und küsste ihn betont leidenschaftlich. Cem riss sich dabei fast den Schnürsenkel ab. Alles lief wie am Schnürchen. Auch ohne Bühne.

Als Cem verschwunden war, war auch meine Lust am Küssen vorbei. Ich ließ Malte stehen. »Schön, dass wir über die alten Zeiten geredet haben. Wir sehen uns dann am FKK-Strand.«

Ich rannte Cem hinterher. Als ich ihn überholt hatte, wurde ich langsamer. Ich spürte seinen Blick auf den nackten Stellen meines Hinterns. Dann packte er mich am Arm.

»Dieser Typ, ja? Was bietet dieser windige Typ dir für Sicherheit?«

Er ist wirklich eifersüchtig!

Dafür wollte ich ihm am liebsten um den Hals fallen. Aber das war zu diesem Zeitpunkt extrem unklug. Und ich wollte wenigstens einmal was Kluges tun.

Also riss ich mich los und ließ Cem stehen.

Ich weiß nicht, ob ich das geträumt habe, aber da war eine Stimme, die hinter mir rief: »Okay. Von mir aus für immer. Aber: ich will keine Kinder, bis ich 30 bin. Und auf keinen Fall sieben.«

Da ich cool war, konnte ich mich nicht umdrehen. Aber es konnte auch nicht Cem sein, der das sagte. Obwohl seine Stimme genauso klang.

Aber je näher ich unserem Haus kam, umso sicherer wurde ich mir. (Ich war vielleicht verrückt, aber nicht geistesgestört.) Niemand anders als Cem hatte mir das hinterhergerufen!

Er wollte mich. Das war das Tolle an der Botschaft. Aber der Rest störte mich. Der Rest, also ich, klang nach Hausfrau. Nach Putzen und Stullen schmieren. Nach wenig Spaß und viel Frust. Es gab nur eine, die ihm so etwas eingetrichtert haben konnte. Mama.

Gut, dass sie gerade den Flur putzte. So konnte ich sofort loswerden, was ich zu sagen hatte.

»Statt ihm mein Video zu geben, hast du ihm gesagt, er soll mich in Frieden lassen, wenn er nicht für immer mit mir zusammenbleiben will?«

Bevor Doris antwortete, hängte sie sorgsam das wohl eben runtergefallene Familienbild wieder an die Wand.

»Ich habe versucht dir ein Drama zu ersparen.«

Als ihr mein Blick erzählte, dass hier gleich ein Drama passieren würde, und zwar eins mit tödlichem Ausgang, fügte sie noch eine winzige Information hinzu.

»Er hat mit einer anderen geschlafen.«

In mir wurde es ganz still. Und als es am stillsten war, zerplatzte vor mir – KNALL! – ein roter Herzluftballon. Ich hätte mich am liebsten auf die Treppe geschmissen und laut geschrien. Aber wenn man Paris Hilton in spe ist, dann macht einem so eine Information überhaupt nichts aus. Also zuckte ich betont lässig mit den Schultern.

»Aber das kann dir doch nicht egal sein?«

»Mama. Es ist mir echt egal, was vor mir war, okay? Und wenn's wichtig war, dann wird er es mir auch erzählen.«

»Er ist oben.«

Als ich an dem Familienbild vorbeitrampelte, fiel es wieder ab. Bis vor Cems Tür war ich noch voller Elan, dann verließ er mich kurzfristig. Aber ich wusste, dass Doris lauschte, also klopfte ich an.

Cem kam raus. Ich wagte gar nicht, ihn richtig anzusehen, und legte gleich los. »Es gab da ein Problem. Doris dachte, du ... spielst mit mir. Na ja, sie fand es nicht so gut, dass du ... Du weißt schon, was.«

Ich weiß auch nicht, warum, aber immer wenn ich Cem was sagen will, versteht er Bahnhof. Er starrte mich jedenfalls mal wieder groß an. Vielleicht wollte er nicht über sein erstes Mal reden? Jetzt wusste ich auch nicht weiter.

Zum Glück klingelte das Telefon. Cem riss es aber sofort an sich. »Cem Öztürkkomantochiefo?«

Als er hörte, wer dran war, erstarrte er und drehte sich weg.

Ich wollte am liebsten ins Telefon kriechen, um herauszukriegen, wer das war. Aber noch bevor ich irgendwas unternehmen konnte, legte Cem panisch auf und drehte sich betont beiläufig wieder zu mir um.

»Nur 'ne Bekannte. Also – Bekannte ist eigentlich fast schon zu viel gesagt.«

Aha.

Es klingelte wieder. Cem riss das Telefon wieder an sich.

Ich hörte nur, wie er gepresst »Was?« sagte, und dann folgte wieder ein langer Redeschwall, an dessen Ende Cem wortlos auflegte.

»Worüber haben wir geredet?«, fragte er dann übergangslos.

»Über die Sache, über die du nicht reden willst.«

»Müssen wir immer reden? Das ist doch voll langweilig.«

Da war es schon wieder, das fiese Wort. Voll langweilig. Das wollte ich auf keinen Fall sein.

»Nein, natürlich nicht. Heute Abend bei dir?«

Cem nickte zufrieden, von wegen geht doch. Ich beugte mich ihm sexy entgegen. Er kam näher und atmete schwer und ich fühlte was gegen meine Bauchdecke rasen. Was Sanftes. Das war die Vorfreude. Dann zwinkerte er mir zu und verschwand im Zimmer.

Ich rannte runter in den Flur. Klar. Doris stand immer noch da. Jetzt wiederholte ich mich zwar, aber das machte mir nichts aus.

»Heute Abend haben wir ein Date. Er liebt! Mich.«

»Wenn er dich lieben würde, hätte er auf dich gewartet. Das weißt du selbst ganz genau.«

WUMMS. Das Familienfoto fiel wieder ab.

Und ich schlich traurig nach oben. Aber ich würde mich nicht von Doris beeinflussen lassen. Das wäre ja noch schöner. Noch eine Stunde. Dann war ich mit meinem Traummann verabredet.

Waschen. Föhnen. Wild verwuscheln. Deo. Make-up. Schöne Unterwäsche. Ich hatte alles. Ich stand vor seiner Tür. Gerade als ich klopfen wollte, öffnete er sie.

Endlich. Wir sahen uns an. Aufgeregt. Ein bisschen verkrampft.

»Hey.«

»Hey.«

Dann schwiegen wir wieder.

»Ähh, komm doch rein.«

Wir setzten uns so vorsichtig auf Cems Bett, als hätte er rohe Eier unter der Bettdecke. Ich versuchte meine alte Coolness zurückzugewinnen und berührte vorsichtig seine Hand. Cem schien seine Verkrampfung auch langsam zu überwinden und streichelte zärtlich über mein Gesicht.

Das war so! schön!

Aber während ich das dachte, überlegte ich gleichzeitig, ob er die andere genau so angefasst hatte.

Und dann konnte ich nicht mehr aufhören darüber nachzudenken. Und ich konnte Cem auch nicht mehr küssen, sosehr ich auf diesen Kuss gewartet hatte. Ich musste erst Gewissheit haben. Worüber genau, wusste ich gar nicht. Ich wollte reden.

Cem auch.

Er erklärte mir, dass er jetzt unter mein T-Shirt gehen würde. Kaum hatte er es ausgesprochen, da sprang – piff paff – mein BH auf.

Der hat ja echt geübt. Ich will gar nicht wissen, mit wem.

Als er mir das T-Shirt ausziehen wollte, versuchte ich es mit einer intensiven Gehirnspülung. *Sie ist ihm nicht mehr wichtig. Sie war ihm nie wichtig! Sie war nur ein Ersatz für mich.*

Aber es half nichts. Die leichten Schwingungen, die ich vorhin noch in meinem Bauch gespürt hatte, verwandelten sich zu einem wahren Orkan. Ich musste aufs Klo. Dringend.

Ich versprach Cem bald wiederzukommen. Aber daraus wurde nichts. Ich blieb so lange auf Toilette, bis Doris mit Raumspray kam.

»Psychosomatik. Unser Körper ist die Leinwand unserer Qualen. Weißt du, was er dir jetzt sagt?«

Ich schüttelte den Kopf.
Doris sprühte noch eine Dosis in meine Richtung. »Dass Cem dich anekelt.«
Dann flüsterte sie noch etwas, was ich aber nicht verstand. Kann sein, dass der Name Metin darin vorkam. Was mich ehrlich gesagt gerade überhaupt nicht interessierte.
Kaum war sie gegangen, klopfte es draußen. Es war Cem. Zum Glück hatte ich noch schnell die Tür hinter Doris abgeschlossen.
»Hi … Ich habe auf die Stopp-Taste gedrückt, bis du hier wieder raus bist.«
Prompt krampfte sich mein Bauch wieder zusammen.
»Ich werd hier vermutlich GAR nicht mehr rauskommen, weil … weil du keine Jungfrau mehr bist.«
Draußen war es einen Moment ganz still. Und dann stammelte Cem: »Wie. Also. Wie kommst du darauf, dass ich keine … dass ich überhaupt mal Jungfrau war?«
Darauf konnte ich jetzt nicht weiter eingehen. »Ich hätte es so schön gefunden, alles gemeinsam mit dir zu entdecken, Cem.«
»Können wir doch.«
Seine Stimme klang echt verzweifelt. Aber ich fühlte mich noch viel verzweifelter. Jetzt fing ich auch noch zu heulen an.
»Aber doch nicht mehr so.«
Wieder schwieg Cem eine Weile. Seine nächste Frage

konnte ich kaum verstehen, so leise flüsterte er sie. »Kommst du nachher noch mal zu mir ins Zimmer?«
Jetzt tat mein Bauch so weh, dass ich richtig wütend wurde. War man denn hier niemals, niemals ungestört?
»VERPISS DICH, DU ... DU FICKER!«
Ich riss eine lange Schlange Klopapier ab. Aber um mir die Tränen abzuwischen, die mir aus den Augen geschossen kamen.
Zum Glück haben wir immer Klopapier auf Vorrat. Ich brauchte drei Rollen für die Nase und drei Rollen für das andere. Dann war auch unser Vorrat am Ende. Vielleicht hatte Doris ja noch ein paar Rollen Küchenpapier.
Ich schleppte mich nach unten. Schon auf der Treppe hörte ich ihre Stimme keifen. Da war ein handfester Streit mit Metin im Gange. Das fehlte mir gerade noch. Aber meine Augen und mein Bauch ließen mir keine Wahl. Ich musste in die Küche.
Es war gar nicht so schwierig, unbemerkt an ihnen vorbeizuschleichen. Sie waren absolut mit sich beschäftigt.
Als ich genügend Küchenrollen hatte, warf ich doch einen kurzen Blick auf Doris. Wie eine Siegestrophäe hielt sie einen roten Stringtanga in der Hand. Keine Ahnung, ob Metin so was schon jemals gesehen hat. Jedenfalls fragte er ganz entsetzt: »Wem gehört der?«
Doris guckte so, als wolle er sie verarschen. »Deiner Affäre.«

Jetzt verstand ich ihr Gesicht vorhin. Auch warum sie geputzt hatte. Sie hatte nach Beweisen gesucht!

»Ich will euch ja auf keinen Fall die Argumente für eine Trennung nehmen, aber dieser Tanga gehört Yagmur.

Sie starrten mich an, als sei ich ein Gespenst. Klar glaubte mir hier keiner. Yagmur und ein Stringtanga. Das klang noch unwahrscheinlicher als Metin und eine Affäre.

»Und die Quittungen für die Blumen? Sogar für eine Kutsche. Und einen Ring!«

Doris war verwirrt. Verblendet. Und vor Eifersucht völlig bescheuert. Aber Metin war selbst schuld. Warum hatte er auch so lange geschwiegen? Er hatte wohl Angst, sie zu verlieren, denn wer liebt, zahlt immer drauf.

So wie ich.

Ich musste wieder zur Toilette. Seinen Heiratsantrag würde er schon alleine rauskriegen. Und Doris würde sowieso Nein sagen. Ich müsste ihm vielleicht bei Gelegenheit sagen, dass er das nicht persönlich nehmen sollte.

Aber erst, wenn ich keine Küchentücher mehr brauchte. Solange war mir definitiv nicht langweilig.

Metin kriegte es natürlich nicht hin.
Mit der Konsequenz, dass er ab jetzt in seinem Auto schlief. Und ich echt an Doris zweifelte. Meine angeblich 39-jährige Mutter lehnte den vielleicht letzten Heiratsantrag ihres Lebens ab. Aber damit war ich wenigstens nicht mehr die einzige beziehungsgestörte Schneider.
Dabei dachte ich, sie liebt ihn.
»Das tu ich ja auch. Und das weiß er. Aber deswegen muss man doch nicht gleich bis zum Äußersten ... also bis zum Standesamt gehen.«
Ich schob ihr schon mal den Teil der Zeitung mit dem Wohnungsmarkt hin. So wäre auch ich mit einem Schlag alle meine Probleme los.
Aber bis dahin saß ich noch mittendrin.
Ich dachte nur noch an eins. In einer Zeitschrift hatte ich gelesen, dass Männer angeblich im Schnitt alle zwei Minuten an Sex denken. Ich dagegen dachte alle zwei SEKUNDEN an Sex. Leider nicht an meinen eigenen, sondern an den von Cem mit der anderen. Wann und warum war das nur passiert?
Cem versuchte mir aus dem Weg zu gehen. Malte nicht.
Er belagerte mich regelrecht. Irgendwann erzählte ich ihm dann alles. Wem sonst? Doris hatte mit Metin zu

tun, Nille rief schon seit drei Tagen nicht zurück, Opa hatte in Rügen eine Interessengemeinschaft für deutsche Traditionen und Werte gegründet und würde, bis sie ihn da rausschmissen, auch nicht wiederkommen, und mein einziger Freund Axel hatte sich ja nicht gerade als Freund verhalten. Gestern hatte er mir zwar eine ominöse E-Mail geschickt mit einem wirklich grausligen Song von Beyoncé Knowles – ›I'm Leaving‹ –, aber mit ihm konnte ich doch nicht über Cem reden!!!

Also Malte. Der es auf den Punkt brachte.

»Du hast es schon im Kindergarten nicht ertragen, wenn jemand dir das Bilderbuch weggenommen hat.«

Da konnte ich so lange, wie ich wollte, behaupten, dass ich ÜBERHAUPT kein Problem damit hätte, Dinge loszulassen, er glaubte mir nicht.

Na ja. Ich glotzte auch schon die gesamte Pause zu Cem, der vergeblich versuchte sein Mofa zu starten. Was mir immerhin eine kleine, geheime Schadenfreude verschaffte. Wenigstens in dieser Sache hatte er Fehlzündung …

Trotzdem sollte ich wohl langsam aufhören ihn anzustarren. Kaum hatte ich das getan, fiel mein Blick auf Axel.

Malte stieß mich an und machte mich noch extra auf ihn aufmerksam. »Axel zum Beispiel: Kapitel aufgeschlagen, quergelesen und weggelegt.«

Das war glatt gelogen. Axel hatte irgendwie immer noch einen Platz in meinem Kopf. Aber ich hasste es, wenn jemand behauptete, dass ich nicht loslassen könnte.

In dem Augenblick entdeckte mich Axel und kam zum ersten Mal seit Wochen direkt auf mich zu. Ich hatte Angst, ihn anzusehen. Ihm ging es offensichtlich genauso.

Was will er denn?

Dann fiel es mir wieder ein. Doris hatte mir eine Tüte mit seiner Unterwäsche mitgeschickt. Ich glaube, sie hatte sie sogar gebügelt. Und ein Brief und selbst gebackene Kekse lagen auch dabei. Und ein bisschen Geld, damit er sie anrufen konnte, wann immer er wollte. Dabei war unsere Telefonleitung jetzt eh dauernd besetzt, weil Doris und Metin ja nur noch miteinander telefonierten.

Na ja.

Axel blieb stehen. Er wollte offensichtlich noch etwas sagen.

Was denn?

»Ich brauch jetzt nämlich alle meine Sachen, weil ich ...«

»Ehrlich Axel, das ist mir scheißegal.«

Er zuckte zurück, als hätte ich ihn geohrfeigt. Und dann wurde er rot und danach wütend. »Es kann dir nicht scheißegal sein. Wir hatten so was wie eine Beziehung. Und wie es aussieht, gehe ich ...«

»Zur Hölle? – Gute Reise.« Ich drehte mich demonstrativ zu Malte.

Endlich zog Axel ab. Ich sah ihm an, dass er immer noch wütend war. Während ich schon nach einer Se-

kunde bereute, dass ich ihn nicht gefragt hatte, wohin er fuhr.
Ach, Quatsch. Das ist mir egal. Egal.
»Siehste, weggelegt. Genau wie Cem.«
Ich versuchte tapfer zu lächeln. Aber es gelang mir irgendwie nur schwer. Ich war traurig. Ich war so traurig.
Das konnte sogar Malte sehen.
»Soll ich dich nach Hause fahren?«
Ich nickte. Jetzt war Schluss mit cool. Ich konnte nicht mehr.

Kapitel 10
Das, in dem vieles zu Ende ist

Malte kam noch mit rein. Er führte mich in die Küche und verkündete, dass nichts besser seelischen Kummer heilt als ein Essen. Natürlich auf keinen Fall ein Essen von Doris, die zurzeit auch gar nicht mehr kochte, sondern ein richtiges Essen. Mir war's egal. Ich hatte eh keinen Hunger. Hauptsache, ich musste nicht mit der Wand reden.
»Wieso schläft ein Junge, der mich angeblich mag, mit einer anderen?«
Malte musste nicht einmal überlegen. Vielleicht las er die einschlägigen Zeitschriften.
»Wieso kaufen sich Frauen ständig neue Schuhe? Es gibt Dinge, die werden wir voneinander nie verstehen.

Was du brauchst, ist Coolness. Lass dich nicht verarschen, denk an dich. Am Ende gibt es nur zwei Wege, den Liebeskummer zu vergessen ...«

Er hatte mir das in den vergangenen Tagen schon ziemlich oft gesagt: Lust oder Schmerz. Und ich war nicht so blöd, um nicht zu verstehen, was er damit meinte. Ich sollte mit ihm den lustvollen Weg der Schmerzverarbeitung gehen. Aber Malte war in keiner Beziehung mein Typ. Na ja, er konnte kochen, er hörte mir zu, er war da. Das war schon ziemlich viel.

Aber nicht genug.

Musste er nicht nach Hause?

Als Malte gerade aus der Tür war, kamen Cem und Costa rein. Costa durfte über Nacht bleiben. Sie wirkten beide total euphorisch und ich hatte solche Lust, mit ihnen zu lachen, solche Lust, verkohlte Pizza mit ihnen zu essen oder einen schwachsinnigen Film anzusehen. Sogar ein Videospiel wäre okay. Heute würde ich Videospiele lieben!

Du musst Cem weglegen. Du hast ihn längst quergelesen. Du darfst nicht kletten!

Aber es gibt immer Leute, denen man nicht helfen kann. Ich gehörte dazu. Ich rannte Cem und Costa hinterher und packte Cem am Arm.

»Mit wem hast du es gemacht?«

»Mit wem hast du es denn gemacht?«

Mit gar keinem, aber das werde ich dir garantiert nicht sagen. Wenn du mir wehtust, dann tue ich dir auch weh.

Außerdem reagierte Cem ziemlich sauer. Was ihm echt

nicht anstand, fand ich. Er hatte doch den Spaß gehabt, nicht ich. »Mit vielen.«

Costa sah mich erstaunt an. Cem dagegen musterte mich angewidert. Dann packte er Costa an der Schulter und zog ihn in sein Zimmer.

Ich schlurfte auch in mein Zimmer, kontrollierte auf dem Bett, ob es wenigstens noch einen Fingernagel zum Knabbern gab, und als da nichts war, erlebte ich einen schlimmen Rückfall.

Ich schlich mich wieder nach unten, kroch in die Mülltonne und holte die Cem-Tüte raus. Dann zog ich mir sein T-Shirt an und fühlte mich wieder ein wenig menschlich, bis mich Doris damit erwischte.

Alles flog erneut in die Tonne.

»Du tust mir leid«, sagte Tante Diana.

»Das muss ein Ende haben«, sagte Doris.

Das hat nie ein Ende, dachte ich.

»Alles ist irgendwann vorbei«, sagte Doris.

Manches geht weiter.

»Du sollst nicht immer das letzte Wort haben!«

»Du kommst nach deiner Tante.«

Alles, nur das nicht. Okay. Themawechsel. »Wenn du die Wahl hättest. Würdest du's wissen wollen, mit wem Cem mich betrogen hat?«

»Gurke, bitte tu dir das nicht an. Du kannst noch eine starke Frau werden.«

Sie hab ich gar nicht gefragt.

»Ich würd's wissen wollen«, sagte Diana.

Ich nickte traurig.

Für dieses Nicken fiel Doris fast über Diana her. Und dann über mich. Aber es war mein Ernst. Es war mir noch nie etwas ernster gewesen. Und egal was Doris auch sagte, von wegen dass kein Junge in die Mülltonne kriechen würde, um etwas von mir rauszuholen – das hatte nichts damit zu tun, dass ich es wissen wollte. Um jeden Preis.

Ich hatte noch 100 Euro. Das war es wert.

Irgendwann musste auch Cem mal ins Bad.

Ich nutzte die Chance, schlich mich in sein Zimmer und wedelte dem schlafenden Costa einen 50-Euro-Schein um die Nase. Er schien Geld ziemlich gut riechen zu können, denn er witterte und wachte sofort auf.

»Wie heißt sie?«

»Was ... meinst ... du?«

»Cems neue Freundin.«

Costa guckte so, dass ich meinen zweiten 50-Euro-Schein aus der Tasche zog.

»Sag mir einfach nur ihren Namen, damit ich ...«

... *sie erschießen* ...

»... damit abschließen kann.«

Costa nahm meine Hand. Er sah mich an. Da war etwas in seinen Augen, was mich irritierte. So als Freund von Cem ... hatte ausgerechnet Costa etwas Warmes. Etwas Freundschaftliches.

»H...ör zu, ich m...ag euch. B...eide. Ey, m...ach dir k...eine Sorgen. Cem hat keine N...eue.«

Ich hob ab. Ich war nicht mehr in Cems Zimmer. Nicht mehr neben der Matratze von Costa. Ich schwebte. Ich schwebte über Wolken. Dann rannte ich. Die Sonne ging auf. Und da war Cem. Er kam mir entgegen. Er war die Sonne. Er war meine Sonne. Gleich würden wir uns umarmen. Gleich!

»Er hatte keinen Sex?«

»D...och. Aber nur mit 'ner N...utte.«

Und so stürzte ich noch, bevor ich Cem erreichen konnte, von den Wolken. Der Aufprall war nur deshalb nicht tödlich, weil Costa mir ein Stück seiner Matratze frei hielt.

»Nichts mit Liebe und so«, sagte er, tröstend und ohne zu stottern.

»Reden wir von einer Frau, die Geld dafür nimmt?«

»N...ur 50 Euro. Der P...reis ist echt okay für B...erlin.«

Ich fiel wieder auf die Matratze zurück.

Costa streichelte mich vorsichtig.

»Und? Er...leichtert?«

Ich schleppte mich aus dem Zimmer.

Doris hatte Recht. Mal wieder. Daran würde ich zerbrechen. So was wie Liebe und echte Gefühle bedeuteten Männern eben nichts. Außer Axel vielleicht, aber der war schließlich schuld an dem ganzen Mist. Die große Liebe, die gab's einfach nicht.

Es war Zeit, meine Vorstellung von der Bilderbuchbeziehung zu beenden. Das Leben war kein Märchen, in dem der Held die holde Jungfrau aus den Klauen des bösen Drachen befreit. Darüber heulte ich mindestens eine Stunde.

Und da war niemand, wirklich niemand, der mich retten konnte.
Malte.
Ich musste ihn anrufen. Sofort. Sonst würde ich anfangen zu schreien und nie mehr aufhören. Nie mehr.
»Ich will ihn vergessen. Ich will ihn mit dir vergessen. Ruf mich an, wenn du das abhörst.«
Bis mein Telefon klingelte, durchwühlte ich Dianas Handtasche. Ich brauchte dringend eine Zigarette. Ich wollte, dass mir so übel wurde, wie ich mich fühlte.
Aber Diana hatte keine Zigarette. Und Metin war mit den gesamten Alkoholvorräten ins Auto gezogen. Dass das ein Muslim durfte …
Das Klingeln schreckte mich hoch.
Malte würde gleich hier sein. Gleich. Ich ging die Treppen zu Opas Zimmer hoch, wie Maria Stuart zur Guillotine.
Hey, Lena, Kopf hoch. Das Schlimmste liegt schon hinter dir. Jetzt kann alles nur besser werden.
Aber ich war trotzdem total nervös. Und es wurde auch nicht besser, als Malte da war.
»Fühl mal, wie schnell mein Herz schlägt …«
Ich wusste gar nicht, dass er eins hat.
Aber er legte meine Hand auf seine Brust und ich fühlte wirklich ein leises Pochen. Das überraschte mich.
»Wow.«
Als mich Malte küsste, dachte ich an Cem. Und verabschiedete mich von ihm. Für immer und ewig.

Plötzlich wurde die Tür aufgerissen und jemand stürmte herein.

»CEM?«

Ich guckte noch mal genauer hin. Das war nicht Cem. Das war Axel. Er sah knallrot im Gesicht aus und hatte ein peinliches Kuscheltier in der Hand. Ein Känguru.

Während ich total verstört war – was machte Axel hier??? –, ließ sich Malte keineswegs aus dem Konzept bringen. Er suchte entspannt summend eine CD aus.

»Lena, das ist nicht richtig. Du liebst Cem! Und ich, ich liebe dich. Genau deshalb kann ich das nicht zulassen.«

Malte war sich trotzdem todsicher, dass es passieren würde. Er hielt die CDs hoch: Toni Braxton? Dann: Café del Mar.

Ich mochte beide nicht.

Ich sah erst zu dem flehenden Axel, dann zu Malte. Und plötzlich war ich so froh, dass Axel hier war. Er hatte mich gerettet.

»Axel hat Recht. Ich kann das hier nicht.«

Malte war fassungslos. Er war gekränkt. Er hätte mir am liebsten eine geknallt. Aber Axel verhinderte das. Also packte Malte seine Sachen und ging. Axel stellte sich wie ein cooler Türsteher an die Tür und wartete, bis er das Zimmer verlassen hatte. Ich betrachtete ihn dabei. Den Axel.

Dann knallte die Tür und wir waren allein.

»Du bist ein kleiner, mieser Drecksack und ich habe dir

gesagt, dass ich dich nie wieder in diesem Haus sehen will.«
Axels Türsteherpose fiel sofort in sich zusammen. »Ich ... erinnere mich ... dunkel.«
Ehe er ganz zusammensackte, musste ich das wieder geraderücken. »Danke, dass du nicht auf mich gehört hast.«
Ich musste nichts mehr sagen. Axel verstand alles. Er wusste ganz genau, wie ich mich gefühlt hatte. Dass ich total traurig und verzweifelt darüber war, dass ich Cem verloren hatte, und meinen Kummer mit Malte vergessen wollte.
»Du wolltest es beenden, einen neuen Lebensabschnitt beginnen, und du dachtest, das hilft dir darüber hinwegzukommen. Aber jetzt weißt du, dass es ein Trugschluss war, weil man echte Gefühle nicht mit Oberflächlichkeiten betäuben kann.«
Ich hätte es nicht besser ausdrücken können.
»Jemand musste dich vor diesem Fehler bewahren, und wenn nicht Cem, dann ich.«
Axel hatte Cem darum gebeten. Aber Cem wollte nicht kommen.
CEM WOLLTE NICHT KOMMEN???
»Ich wollte schon so lange was wiedergutmachen. Und heute, heute ist die letzte Gelegenheit dazu. Bevor ich nach Australien gehe.«
Ich glaube, ich wurde kurzfristig ohnmächtig. Das war einfach alles zu viel. Malte. Axel. Nach Australien. Und Cem kam nicht!!!

Als ich die Augen wieder öffnete, saß Axel neben mir auf dem Bett.

»Ich hab da 'ne Tante. Das hat deine Mutter herausgefunden. Sie hat mich viel unterstützt in der letzten Zeit und sie glaubt, ich brauche eine neue Bezugsperson aus meiner Familie.«

Ich sah Axel in die Augen. Darin lag so viel Zuneigung für mich, dass es mich umhaute. Er war mein bester, mein einziger Freund. Mir war, als sänken alle Pflastersteine unserer Straße auf mein Herz. Axel in Australien. Wer würde dann neben mir sitzen und meine Hand halten? Wer mich beschützen? Wer für mich da sein? Ich schluchzte auf und umarmte ihn so fest, dass er kaum noch Luft bekam.

»Und ich dachte, du freust dich? Ich bin doch ein Drecksack und ein Arschloch.«

Alle Jungs sind Arschlöcher und Drecksäcke. Aber da sitzt der einzige Drecksack, der mich immer lieben wird. Egal was passiert.

Axel seufzte so herzerweichend, dass ich nicht aufhören konnte ihm am Hals rumzuhängen.

»Cem vergessen ... So was macht man doch nicht mit einem Jungen, den man nicht kennt.«

Ich sah ihn an. Er hatte so Recht. Das machte man doch nicht mit einem Jungen wie Malte, der arrogant war und selbstverliebt und bedeutungslos. Sondern ...

»Mit dir.«

Axel zuckte ein bisschen zusammen. Aber nur ein bisschen.

Ich war mir noch nie so sicher. Ich zündete die Kerzen an. Als mein Blick auf die Kondome fiel, wurde mir trotzdem ein bisschen übel.

»Wir warten noch drei Minuten, okay?«

Axel nickte brav und wir warteten drei Minuten.

Das waren die längsten drei Minuten meines Lebens. Und es war mein Ende mit Cem. Ich konnte es überhaupt nur deshalb aushalten, weil Axel neben mir saß. Nur deshalb. Überhaupt.

Als die drei Minuten um waren, küsste ich Axel leidenschaftlich. Er wusste gar nicht, wie ihm geschah. Anfangs war er noch ein bisschen erschrocken. Aber dann küsste er mich zurück.

Jetzt war es so weit.

»Bist du sicher?«

Ich sah noch mal zur Tür. Es kam niemand.

»Wenn's wehtut, hau ich dir eine rein.«

Es tat weh. Es tut immer weh, wenn etwas zu Ende geht.

Aber unter dem Bett lagen Zigaretten. So war das also. Opa rauchte heimlich. Zum Glück. So konnte ich mir jetzt eine nehmen.

Dann musste ich nicht reden. Worüber auch.

Ich hustete gerade hysterisch den Rauch aus, als die Tür aufkrachte. Es war Cem. CEM! C!E!M!

Cem hatte seinen Mofahelm noch auf, sein T-Shirt war schweißnass und er glotzte mich fassungslos an. Ich fühlte mich, als sei ich nackt.

Ich bin nackt!!!

»So sieht das also aus, wenn du sagst, dass du auf einen warten wirst.«

Seine Stimme war leise. Gerade deswegen klang sie so verzweifelt, dass ich fast aufgeschluchzt hätte.

Aber Moment, was sagt er da? »Ich *hab* auf dich gewartet. Eine halbe Ewigkeit.«

»Ich bin Zeuge«, mischte sich Axel in das Gespräch.

Cem wischte seinen Einwand weg wie den Auswurf einer Schmeißfliege.

Und überhaupt, wieso sollte ich auf Cem warten? Wieso??? »Wer hat denn mit einer Nutte …?«

»Ich hab nichts mit der Nutte gemacht. Ich KONNTE nicht. Und weißt du auch, warum? Wegen dir!«

Seine Stimme kippte ihm weg. So hatte ich Cem noch nie gesehen. Und was er eben gesagt hatte – das würde ich erst übermorgen begreifen. Wenn überhaupt.

»Cem …«

»VERGISS! DIESEN NAMEN! UND VERGISS MICH.«

Er klappte das Visier seines Motorradhelmes runter. Dann klappte er die Tür zu. Ich wartete darauf, dass die Tür aus den Angeln fiel. Aber er hatte sie geradezu vorsichtig zugezogen. Das sagte mir, dass gerade wirklich etwas Endgültiges passiert war.

Und dann blieb es lange still. Cems Geruch lag immer noch in der Luft. Axel strich mir zärtlich eine Haarsträhne aus dem Gesicht.

»Ich muss auch nicht nach Australien.«

Es dauerte eine Weile, bis ich verstand, was er eben ge-

sagt hatte. Oh doch. Oh doch. Axel musste nach Australien. Australien war gerade weit genug weg. Gerade so. Und außerdem würde ich jetzt gerne ganz allein ...
Axel verstand. So wie er immer alles verstanden hatte.
Ich zog mir die Decke über den Kopf, während sich Axel anzog.
»Dann mach's gut, Mausezähnchen.«
Ich hob die Bettdecke ein bisschen und sah ihn an, den Axeli. Meinen Mann für einen Nachmittag. Ich wollte noch was sagen. Vielleicht so was wie: Wir sehen uns wieder. Aber es ging gar nichts mehr. Nicht einmal: Leb wohl. Vielleicht konnte er es in meinen Augen lesen. Das konnte er doch sonst immer.
Aber er ging, ohne mir zu sagen, ob er was verstanden hatte.
Und wieder war es lange still.
Bis ich Yagmur hörte, die mich zum Essen rief. Ihre Stimme klang matt und auch ein bisschen traurig. Aber vielleicht täuschte ich mich da.
»Moment noch!«, rief ich zurück.
Ich ließ mich noch mal auf das Kissen fallen.
Moment noch.
Das würde ein seltsames Essen werden. Ohne Metin. Ohne Cem. Ohne Nille. Ohne Opa. Sah so aus, als ob wir Frauen unter uns bleiben würden. Vielleicht kam ja auch noch Diana.
WILLKOMMEN IM CLUB!
Aber wo ein Ende ist, da ist auch ein Beginn.
Glaub ich jedenfalls.